FUNDAMENTOS

DE LA

FE

GUÍA DEL LÍDER

*13 LECCIONES PARA CRECER EN LA GRACIA
Y CONOCIMIENTO DE JESUCRISTO*

INTRODUCCIÓN POR

JOHN MACARTHUR

EDITORIAL MOODY

CHICAGO

Todos los derechos reservados. Ninguna parte de este libro puede ser reproducido en ninguna forma sin permiso escrito del editor, excepto en caso de breves citas presentadas en artículos críticos o revisiones.

Las citas bíblicas son tomadas de LA BIBLIA DE LAS AMERICAS © Copyright 1986, 1995, 1997 por The Lockman Foundation. Usadas con permiso. (www.Lockman.org)

Ediciones anteriores publicadas por Grace Community Church. Editor de la edición 2009: Dave Amandus

Diseño Cubierta: Dog Eared Design
Imagen de la Cubierta: Kirk Douponce / iStock / 3591225

ISBN: 978-0-8024-0897-6

Esperamos que pueda disfrutar este libro de Moody Publishers. Nuestro objetivo es proveer libros de gran calidad que inviten a la reflexión y productos que conecten la verdad a sus verdaderas necesidades y retos. Para más información sobre otros libros y productos escritos desde una perspectiva bíblica, vaya a www.moodypublishers.com o escríbanos a:

Editorial Moody
820 N. LaSalle Boulevard
Chicago, IL 60610

1 3 5 7 9 10 8 6 4 2

Impreso en los Estados Unidos de América

Producido con la ayuda de The Livingstone Corporation (www.livingstonecorp.com). Personal del proyecto incluye a Neil Wilson y Linda Taylor. Diseño interior por Larry Taylor. Composición tipográfica por Troy Ristow, Tom Ristow, y Kathy Ristow.

Bienvenida e Introducción

Fundamentos de la Fe (FDF) puede ser el secreto mejor guardado en Grace Community Church.

Nació de una alegre necesidad décadas atrás cuando yo era un pastor joven y Grace Church era relativamente pequeña. Estábamos creciendo. Familias e individuos—algunos nuevos en la fe y otros simplemente nuevos en el área—estaban viniendo a la iglesia en masa. Tantas caras nuevas. Tantos trasfondos únicos. Necesitábamos asegurarnos que esta congregación en crecimiento estaba firmemente arraigada en las doctrinas fundamentales de nuestra fe.

FDF ha jugado un papel clave en el crecimiento espiritual de nuestra congregación desde entonces. Provee un fundamento teológico sólido a los nuevos creyentes. Ayuda a los cristianos más maduros a agudizar su entendimiento de doctrinas claves y los equipa para el evangelismo y el discipulado. Este promueve el único tipo de unidad que realmente significa algo en la iglesia—la unidad basada en el entendimiento compartido acerca de la verdad de Dios.

A pesar de su importancia para Grace Church a través de los años, *FDF* sigue siendo, como ya he dicho, algo como un secreto. A excepción de solo algunas iglesias, sus recursos no han sido grandemente explotados.

Eso es, hasta ahora. Por la gracia de Dios, ahora tenemos una plataforma desde la cual podemos poner este poderoso recurso en iglesias a través de la nación. Lo que usted tiene en sus manos ha pasado por décadas de refinamiento. Es el fruto de muchos años de preparación, instrucción y aplicación. Habiendo sido enseñado y examinado en el salón de clase, ha demostrado ser efectivo en las vidas que ha influenciado.

Claro, el poder detrás de este curriculum no está en su formato o plan, sino en la Palabra de Dios en la cual está basado. Sabemos que cuando el Espíritu Santo usa Su palabra en la vida de las personas, sus vidas son transformadas. Y es por esto que estoy tan emocionado de que estos materiales hayan llegado a sus manos. *FDF* le ha dado la bienvenida a millares de personas en la iglesia y en la familia de Cristo. Ha ayudado a creyentes a construir un fundamento espiritual en roca sólida.

Confío en que esto lo beneficiará a usted y a su iglesia de la misma manera.

[firma]

Pastor-Maestro

Grace Community Church

Sun Valley, California

CONTENIDO

INTRODUCCIÓN

El estudio bíblico de Fundamentos de la Fe (FDF) ha llegado a ser fundamental en la vida de Grace Community Church. Es usado en nuestras clases para nuevos creyentes, para programas evangelísticos, y como una introducción a lo que nuestra iglesia cree. Una clase típica tiene alrededor de 10 estudiantes. Algunas personas son no creyentes que están tomando la clase porque un amigo los alentó a hacerlo. Otros son santos maduros buscando el ser refrescados en las doctrinas básicas de nuestra fe. Este ambiente diverso promueve la interacción entre el maestro y los estudiantes, y esta interacción usualmente forma relaciones que duran para toda la vida. El tamaño de la clase les permite funcionar efectivamente como grupos pequeños y minimiza la tendencia del maestro de dar una "conferencia" o "sermonear" el material. Los miembros de la clase que completan las lecciones asignadas y participan en las discusiones reportan grandes beneficios de esta clase.

Un testimonio común en Grace Community Church es de personas que pensaban que eran salvas y luego tomaron la clase de FDF, para luego darse cuenta de que ellos realmente no entendían el evangelio. A través de la clase ellos finalmente aprendieron la verdad acerca del cristianismo y luego vieron sus vidas transformadas por el evangelio. Es imposible contar cuantas personas han venido a salvación a través de estas clases, pero es fácilmente la herramienta evangelística más efectiva que hemos usado.

FDF es el resultado de la creencia de que la esencia del cristianismo es la verdad—la verdad acerca de Dios el Padre, Cristo, y el Espíritu Santo; la verdad acerca del pecado del hombre y el plan de salvación de Dios; y la verdad acerca de la voluntad revelada de Dios para la iglesia y nuestras vidas individuales. Lo que usted cree importa, e importa eternamente. Creencias incorrectas acerca de Dios conducen a las personas al infierno (Mateo 7:22–23). El cristianismo es una fe anclada en las verdades de la Biblia, la cual es la única revelación escrita inspirada por Dios.

Este material es mejor usado en un grupo pequeño de personas comprometidas. Si usted se compromete a asistir a las clases, hacer el trabajo de antemano, y participar, usted adquirirá un entendimiento mayor de los fundamentos de la fe cristiana.

CÓMO USAR LAS ASIGNACIONES DE LAS LECCIONES

Puntos básicos sobre la Clase de *Fundamentos de la Fe (FDF):*

1. Prepárese para cada sesión descargando el mensaje de la asignación de www.moodyurban.com/fdlf, tomando notas e identificando preguntas que usted pueda tener, y llenando las respuestas en el libro de trabajo. Usted necesitará su Biblia a mano mientras complete sus asignaciones y cuando esté en las sesiones de clase.

2. Las sesiones de clase o de grupo no incluirá el escribir las respuestas en el libro de trabajo. El tiempo de clase se usará para expandir y discutir temas claves dentro de la lección y para responder a cualquier pregunta que usted pueda tener concerniente a la lección.

3. Mientras mejor usted se prepare, mejor podrá participar y más provecho le sacará a la interacción de la clase.

4. Venga preparado a interactuar y aprender.

Para el Líder/Instructor

Cómo Usar Este Libro de Trabajo

Fundamentos de la Fe (FDF) es un curriculum diseñado para darle al nuevo creyente una base sólida para su fe. Debido a la naturaleza exhaustiva de este material, es una herramienta útil no solo para nuevos cristianos, sino también para santos con más tiempo en la fe y hasta para aquellos que están examinando el cristianismo desde afuera.

Para el maestro de *FDF*: Recuerde los días luego de su propia conversión, las preguntas que tenía, su emoción, y su hambre por aprender. Ore para que aquellos en su clase tengan esa misma anticipación acerca de lo que están por aprender. Su responsabilidad es el de guiarlos a través del libro de trabajo y poner las lecciones al nivel de los estudiantes para que ellos puedan tomar de la leche de la Palabra de Dios y de esta forma crecer (1 Pedro 2:2).

El trabajar con nuevos creyentes puede ser desafiante. Ellos vienen con una miríada de preguntas, algunas con poco que ver con la lección del momento. Muchas de sus preguntas provienen de enseñanzas anteriores sobre el cristianismo, el prejuicio de sus padres, y otras áreas de influencia. Es esencial que usted esté preparado a fondo antes de enseñarle a la clase. Usted puede que no tenga todas las respuestas, pero usted debiera saber dónde encontrarlas, aun si eso significa el responderle la pregunta en una clase futura. Una preparación general es el saber el flujo del contenido de *FDF* y mantener una tabla de contenidos siempre a mano. Habrá momentos en que usted tendrá que temporalmente poner una pregunta de la clase a un lado al decirles, "Nosotros estaremos tocando ese tema en la lección X." Uno de sus retos será el mantener la clase al día.

Las notas del maestro dadas luego de cada lección sirven el propósito de suplementar la información en la asignación del estudiante. En su propio estudio y preparación usted debiera de juntar información que se extiende más allá de lo que se encuentra en la asignación del estudiante para que usted pueda guiar la clase a través del material en cada lección y responder preguntas. Estas notas son diseñadas para darle parámetros para cada lección y darle ideas de cómo dirigir la clase.

Usted debiera preparar cada lección de una manera que anticipe las preguntas que probablemente los estudiantes hagan en cada tema. Mantenga un control de sus propias preguntas y las respuestas que usted descubra mientras va estudiando. Trate de pensar sobre las preguntas que usted tenía como nuevo creyente y esté preparado a responderlas con respuestas bíblicas sólidas. Es muy probable que los miembros de su clase tengan las mismas preguntas.

Use sus notas como un punto de partida para su propio cuaderno de enseñanza. Tome lo que es útil de las notas de enseñanzas y elabore un plan de clase que esté dirigido a su clase específica.

La Visión de los Fundamentos de la Fe

La visión de *FDF* es doble: Primero, la *salvación de los perdidos* y segundo, el *discipular y equipar los santos para el ministerio*.

La salvación de los perdidos

Pablo escribe en 1 Corintios 2:2, "Pues nada me propuse saber entre vosotros, excepto a Jesucristo, y éste crucificado." En 1 Tesalonicenses 2:4 él escribe, "Sino que así como hemos sido aprobados por Dios para que se nos confiara el evangelio, así hablamos, no como agradando a los hombres, sino a Dios que examina nuestros corazones." *FDF* es una oportunidad única para impartir el mensaje del evangelio a aquellos en su clase que puede que no sean salvos. Por lo tanto, *es importante el entrelazar el mensaje del evangelio en sus planes de clase*, especialmente en las primeras lecciones, porque esos que no son creyentes puede que no regresen luego de las primeras semanas.

Discipulado y equipamiento de los santos para el ministerio

Pablo escribe en Efesios 4:11–12, "Y él dio a algunos el ser apóstoles, a otros profetas, a otros evangelistas, a otros pastores y maestros, a fin de capacitar a los santos para la obra del ministerio, para la edificación del cuerpo de Cristo."

Nota: *Es su tarea como maestro el de mover a sus estudiantes al próximo nivel de madurez espiritual para que así ellos estén mejor equipados para ministrar dentro de la iglesia.*

Diseño de la Lección y Duración de la Clase

Todas las lecciones tienen un diseño similar. Ellas comienzan con un versículo a memorizar y son seguidos por un esquema de puntos clave relevantes al tema. Cada sección del esquema contiene varias preguntas sacadas directamente de la Escritura. Cada lección termina con una sección de aplicación. Durante la semana, como tarea, los estudiantes completarán la siguiente lección dentro del libro de trabajo y escucharán un sermón sobre un tema que es paralelo a la lección. La lección del libro de trabajo y el sermón se usarán en la clase como puntos de partida para discusiones alrededor de temas clave dentro de cada lección.

El curriculum *FDF* toma aproximadamente 21 sesiones de clase para completar. (Asuma sesiones de 1½ hora, con una hora dedicada a la enseñanza.)

Introducción .... 1 sesión

Lección #1 .... 3 sesiones

Lección #2 .... 1 sesión

Lecciones #3 hasta #7...... 2 sesiones cada uno

Lecciones #8 hasta #13....... 1 sesión cada uno

Corrección de lecciones

Una vez que la discusión de la clase en una lección dada ha sido completada, el estudiante debe desprender la lección del libro de trabajo y entregarlo para ser corregido. Pídales a los estudiantes que compren un cuaderno de 1-pulgada para guardar las lecciones devueltas y cualquier folleto distribuido.

Nota: Usted debe corregir cada lección para que sus estudiantes no tengan respuestas incorrectas en sus libros de trabajo. Así podrían volver a sus lecciones muchas veces en los años por venir.

Folletos

Los folletos son usados por la mayoría de los maestros de FDF. Estos ayudan a suplementar las lecciones y a dar información adicional a los estudiantes para que la guarden en sus cuadernos.

Nota: Queda en manos del maestro el proveer los folletos.

Enseñanza por Medio del Diálogo

Las clases se mantienen pequeñas para fomentar un ambiente de aprendizaje orientado a la discusión. Como maestro, usted usará los métodos de lectura informal y de la enseñanza por medio del diálogo. **Usted no debe predicar, sino enseñar.** La enseñanza por medio del diálogo es un método donde, *en vez de darles las* *respuestas a los estudiantes*, el maestro guía a los estudiantes a través del tema en cuestión, *ayudándoles a buscar las respuestas por sí mismos.* Esto forza a los estudiantes a participar, reaccionar, responder y pensar.

La clave de la enseñanza por medio del diálogo es el uso de preguntas. Las preguntas se usan para:

- Traer información—para desarrollar un tema
- Estimular discusión
- Guiar una discusión
- Estimular el pensamiento
- Mantener la atención de los estudiantes
- Llevar a los estudiantes hacia el tema en cuestión

Como usted estará haciendo preguntas y estimulando a los estudiantes a hacer preguntas, ¡esto asume que usted tiene las respuestas! Por lo tanto, la enseñanza orientada al diálogo o la discusión requiere que el instructor esté bien preparado. *¡Usted necesita estar sobrepreparado!* Usted necesita estar listo para responder a cualquier pregunta relevante al tema que surja durante la sesión de enseñanza. Por lo tanto, la preparación para la lección es de suma importancia.

Preparación de la Lección

Los maestros deben desarrollar su propio plan de clase que amplíe los puntos centrales dentro de la lección. El plan del maestro debe substanciar y apoyar los conceptos aprendidos en la asignación. Por ejemplo, lección #1, *Introducción a la Biblia*, solo tiene un versículo acerca de la inspiración de las Escrituras, esto es, 2 Timoteo 3:16. Este es un tema clave y necesita más discusión. Por lo tanto, usted prepararía una sección de su plan de clase para que toque el tema de la inspiración de la Escritura e iniciaría una discusión cuando ese tema sea desarrollado en la lección.

Nota: Si usted enseña la clase solamente repasando las respuestas de la asignación y no abriendo la clase a la discusión sobre los puntos clave, la participación en clase, y por lo tanto el aprendizaje de los estudiantes, será menor.

Para prepararse para una lección, usted debe identificar qué puntos usted quiere cubrir, qué versículos resaltarán esos puntos más claramente, y luego, qué preguntas debe hacer a los estudiantes para que ellos encuentren los puntos clave en los versículos seleccionados. Anticipe preguntas probables y prepare respuestas para ellas. Si una clase en particular no hace una pregunta que usted cree que es importante cubrir, entonces pregunte a la clase y véalos razonarla entre ellos. Luego cubra versículos que guíe a los estudiantes a la respuesta correcta, siempre guiando la discusión a través de preguntas.

Para ayudarle en su preparación, en esta guía de maestro hay *Notas del Maestro* para cada lección. Estas notas le darán un punto de partida para escribir su plan de clase. Las *Notas del Maestro* también le ayudarán a pensar lógicamente a través de cada lección, y puede ayudarle a responder preguntas de la clase.

Algunos maestros también han encontrado útil el usar PowerPoint como ayuda para guiar la clase. Esto puede ahorrar el tiempo gastado yendo a varios libros y también forza a la clase a seguir cierta estructura. Lo negativo de PowerPoint es que no permite a los estudiantes ver los versículos de su propia Biblia, y añade un cierto tipo de rigidez a la clase ya que usted no puede ser tan flexible al responder a las preguntas de los estudiantes.

Las Preguntas Son La Clave en la Enseñanza por Medio del Diálogo

Usted debe resistir la tentación de usar la clase como una oportunidad para predicar o sermonear. Una buena clase tiene un instructor preparado quien dirige a los estudiantes por medio de preguntas. Las preguntas son la llave en la enseñanza por medio del diálogo. Ellas promueven la involucración del estudiante con el material de la lección.

Tipos de preguntas

Hay muchas formas de hacer una pregunta. Usted puede hacer preguntas directas, indirectas, retóricas, reversibles y de relevo.

Preguntas directas son cuando usted hace la pregunta y luego llama a una persona específica de la clase usando su nombre. Por ejemplo, "¿Cómo contestaron la pregunta 3 sobre Jesús llamarse a Sí mismo el Hijo de Hombre? Bill, ¿qué respondiste?" Note, el nombre de la persona siempre seguirá la pregunta, en caso contrario todos los otros estudiantes se desconectarán de la clase. Hay muchos usos para la pregunta directa; no obstante, siempre use una pregunta directa cuando la respuesta es obvia o la clase se volverá silenciosa.

La *pregunta indirecta* es diferente. Una pregunta indirecta no está dirigida a un estudiante en particular sino que está abierta a toda la clase. La *pregunta indirecta* es perfecta para estimular la discusión. Por ejemplo, "¿Qué significa el ser controlado por el Espíritu Santo?" Usted acepta todas las respuestas: **repitiendo las respuestas correctas,** y para las respuestas incorrectas diciendo, "está cerca" o "no exactamente", pero no repitiendo las respuestas incorrectas.

La *pregunta retórica* da la información y no espera una respuesta. Solo se pregunta para despertar el interés de los estudiantes. Por ejemplo, "¿Alguna vez se ha preguntado lo que requirió de Pablo el escribir una carta acerca del gozo desde la prisión?"

Preguntas reversibles reversan la pregunta de vuelta al estudiante. Por ejemplo, si un estudiante pregunta "¿Cómo puedo llegar a ser cristiano?" usted puede reversar la pregunta de vuelta al estudiante como, "¿Cómo piensas que puedes llegar a ser cristiano?" Esto le permite determinar el pensamiento del estudiante.

Una *pregunta de relevo* es una de las preguntas más importantes. Es usada para mover una pregunta de un estudiante a otro. Es sumamente importante, porque usted no puede poner a un estudiante en una situación incómoda. Si eso pasa puede que él no vuelva más o quizás se vuelva tímido y no quiera participar en discusiones futuras. Para sacar al estudiante de una posición incómoda, releve la pregunta a otra persona. Si una pregunta es hecha y el estudiante no sabe la respuesta o responde incorrectamente, entonces pase la pregunta a otro estudiante, o vuelva la pregunta en una pregunta indirecta. Por ejemplo, si Bill está sentado callado y le toca responder, y no sabe la respuesta, entonces solo diga, "Sally, ¿qué piensas?" Y luego repita la pregunta. Si Bill responde incorrectamente, entonces diga, "Eso se acerca, pero no es exactamente lo que estoy buscando. ¿Alguna otra persona puede ayudar?" Y luego repita la pregunta.

Preguntas de discusión

Cuando el instructor quiere guiar a los estudiantes a través de las Escrituras, existen tres preguntas básicas de discusión. Preguntas de descubrimiento, preguntas pensativas y preguntas de aplicación.

Preguntas de descubrimiento simplemente llevan al estudiante a observar elementos básicos de la escritura: *quién, qué, cuándo, dónde, y cómo.* Usted siempre debe tener una *pregunta de descubrimiento* lista para ser formulada inmediatamente después que un estudiante lea un versículo. De otra manera, la clase hará silencio y usted terminará predicando o haciendo una pregunta pensativa antes de que se hayan hecho observaciones. También, recuerde, cuando un estudiante lee un versículo, él lo mas seguro no se acordará de lo que ha leído. Las *preguntas de descubrimiento* le permiten a la clase observar el versículo antes de que una pregunta pensativa sea hecha. Nunca haga una pregunta pensativa hasta que las preguntas de descubrimiento hayan sido hechas para repasar y sacar los hechos del pasaje.

Las preguntas pensativas requieren que los estudiantes unan los hechos, obtenidos a través de las preguntas de descubrimiento, y lleguen a una conclusión. Como usted pregunte la *pregunta pensativa* dirigirá al estudiante al "punto" que usted quiere probar. Una vez el estudiante diga la <u>respuesta correcta, repítala</u>. *Las preguntas pensativas* frecuentemente comienzan con *por qué* o *cómo* e ímpulsan a los estudiantes a hacer conexiones y conclusiones basadas en el pasaje.

Las preguntas de aplicación buscan el aplicar el texto a todos, para identificar la verdad universal que se está siendo comunicada en el pasaje.

No todos los pasajes deben ser manejados en esta secuencia, pero el maestro debe pensar en la manera de llevar a los estudiantes a descubrir, reflexionar y aplicar los versículos que pertenecen a los puntos principales de cada lección.

El objetivo es guiar una clase a través de la discusión o del diálogo. Con una discusión guiada cuidadosamente, el maestro lleva a los estudiantes a través del asunto en cuestión, ayudándoles a buscar ellos mismos las respuestas. Esto ayuda a los estudiantes a aprender por sí mismos y les obliga a pensar a través de las Escrituras. Los estudiantes retendrán más de lo que se les enseña cuando lo descubran por si mismos.

Tenga en cuenta que la enseñanza por medio del diálogo no es simplemente hacer la pregunta, "¿Qué piensa usted que significa esto?" Sino más bien, la enseñanza por medio del diálogo ayuda a los estudiantes a ver dónde están las respuestas y los guía a través del proceso para que así aprendan por sí mismos.

Plan de Clase

Su plan de clase, por lo mínimo, debe contener lo siguiente:

- Un mapa que indica cuáles son los temas que se van a cubrir y los puntos que se van a realizar.

- Un esquema con una sección para cada tema.

- Una subsección para cada punto clave y los versículos para apoyar cada punto.

- Escritura integrada y preguntas de *descubrimiento, pensativas,* y de *aplicación* para hacer formuladas en cada Escritura.

- Una sección de conclusión y aplicación.

Motivaciones en la enseñanza de *FDF*

Como maestro es fácil enseñar por las razones erradas. Muchos enseñan por el deseo de agradar a las personas. Pablo escribe en Gálatas 1:10, "Porque ¿busco ahora el favor de los hombres o el de Dios? ¿O me esfuerzo por agradar a los hombres? Si yo todavía estuviera tratando de agradar a los hombres, no sería siervo de Cristo." Un maestro piadoso y efectivo primero debe ser un siervo de Cristo, no de los hombres.

Las personas pueden ser tentadas por el orgullo cuando son asignadas a posiciones de liderazgo y autoridad. El orgullo busca el quitarle la gloria a Dios y es la raíz de muchas tendencias pecaminosas en el hombre. Pedro escribió sobre el orgullo, "Revestíos de humildad en vuestro trato mutuo, porque Dios resiste a los soberbios, pero da gracia a los humildes" (1 Pedro 5:5). Por lo tanto, siga la enseñanza de Pedro en el siguiente verso, "Humillaos, pues, bajo la poderosa mano de Dios, para que Él os exalte a su debido tiempo" (1 Peter 5:6).

Entréguese de todo corazón a sus estudiantes así como Pablo lo hizo para los de Corinto cuando el escribió, "Y yo muy gustosamente gastaré lo mío, y aun yo mismo me gastaré por vuestras almas" (2 Corintios 12:15). Y dele a Dios toda la gloria por el tiempo que usted utiliza enseñándoles a los estudiantes sobre Él. "El que habla, que hable conforme a las palabras de Dios; el que sirve, que lo haga por la fortaleza que Dios da, para que en todo Dios sea glorificado mediante Jesucristo, a quien pertenecen la gloria y el dominio por los siglos de los siglos. Amén" (1 Pedro 4:11).

Debe haber un deseo de cultivar un amor por la Palabra de Dios no solamente en su corazón sino también en el corazón de los otros. Usted debe enseñarle a otros apasionadamente sobre lo que usted personalmente ha aprendido a través de su propio estudio de la Biblia.

Oramos para que usted encuentre estas sesiones un estímulo para su propia fe y una aventura emocionante al ver a otros venir a la fe en Cristo y desarrollar una firme base doctrinal.

Introducción a *FDF*: La Primera Clase

Antes de enseñar la lección #1, es de beneficio llevar a cabo una clase introductoria para revisar los objetivos de la clase y para preparar a los estudiantes en cuanto a lo que estará por venir en los próximos meses. Durante la clase introductoria, el maestro debe entregar a los estudiantes los libros de trabajo y explicar que los mensajes que acompañan a cada lección pueden ser descargados de www.gty.org/fof.

Una vez los libros de trabajo han sido entregados, hábleles a sus estudiantes sobre usted y su trasfondo. Luego conozca a los estudiantes, y pídales que se presenten. Averigüe por qué están tomando la clase y un poco sobre sus trasfondos. El objetivo es conocerlos más profundamente para que usted pueda mejor satisfacer sus necesidades y fomentar un mejor ambiente de aprendizaje íntimo.

Luego de que cada persona se haya introducido, guíelos a través de la información introductoria en el libro de trabajo y asegúrese de que ellos vean la tabla de contenidos y la secuencia de los temas. Exhórtelos a estar comprometidos a completar la asignación de cada lección y a escuchar el mensaje antes de llegar a la clase. Asegúrese de que ellos entiendan que las lecciones *no* deben ser hechas en la clase, sino que serán la base de sus discusiones en clase.

Finalmente, repase los objetivos de la clase:

- El tener seguridad de vida eterna—1 Juan 5:11–13

- El llegar a ser equipados para el ministerio—2 Timoteo 3:16–17; Efesios 4:11–12

- El conocer a Dios más profundamente—Éxodo 33:13

Después de la clase de introducción, cada clase subsiguiente debe seguir más o menos el mismo formato. Repase el versículo a memorizar, luego pregunte si hay preguntas de la asignación o del mensaje. Dirija a los estudiantes a través del plan de lección que usted creó para cubrir el contenido de las tareas de esa semana. Su plan de lección debe capturar los puntos clave y las ideas que desea que los estudiantes comprendan al final de la lección.

Recuerde: Usted guía a sus estudiantes al hacer preguntas y al dirigir la discusión en lugar de predicar o dar un sermón.

Dinámica Pastoral de *FDF*

Usted debe construir relaciones con sus estudiantes, orar por ellos, llamarlos durante la semana, y animarlos. Pregúnteles cómo sienten que la clase está progresando y saque tiempo para atender necesidades especiales o pruebas que puedan tener. Pregunte por peticiones de oración, y ore por ellos al inicio de cada clase. Tenga tiempo para compartir cuantas veces sean necesarias. Recuerde, un estudiante que está pasando por alguna prueba, tales como la pérdida de un ser querido, no está preparado para ser enseñado; él primero necesita ser atendido y ayudado.

En Grace Community se les requiere a los líderes celebrar una cena para compartir alrededor de la tercera semana de clases. Después de una cena, los estudiantes tienden a ser más abiertos en la clase, haciendo preguntas y participando mucho más que antes.

Recuerde: ¡A ellos no les importará cuánto usted sabe hasta que ellos no sepan cuánto ellos le importan a usted!

INTRODUCCIÓN A LA BIBLIA

Prepárese para su Asignación

1. Junto con este libro de trabajo, usted necesitará una Biblia y un diario o cuaderno para notas personales acerca del mensaje que oirá.

2. Descargue el mensaje #1, "Nuestra Biblia Inspirada por Dios," de www.moodyurban.com/fdlf.

3. Usando su Biblia, llene las respuestas en las páginas siguientes.

Memorice 2 Timoteo 3:16

Toda Escritura es inspirada por Dios y útil para enseñar, para reprender, para corregir, para instruir en justicia.

Yo espero que usted tenga una apreciación por ella no como un fetiche sino porque es el tesoro más grande, aparte de Dios mismo, que tenemos. Es Su propia palabra, Su propia auto-revelación. Cuando las personas me preguntan por qué es que yo sistemáticamente enseño libro por libro, por qué yo presto tanta atención al detalle y a cada verso y cada frase y toco todas las palabras, yo les digo que es porque yo entiendo que son las palabras de Dios reveladas a nosotros por Él. Y yo no dudaría de la necesidad de que esas palabras sean presentadas, enseñadas y entendidas por todos nosotros.

John MacArthur

La Biblia es la Palabra de Dios. Ella clama ser la verdad, el mensaje de Dios al hombre. 2 Pedro 1:21 dice que "hombres inspirados por el Espíritu Santo hablaron de parte de Dios."

- Las Escrituras fueron escritas por aproximadamente 40 hombres diferentes.

- Estos hombres vivieron en varios diferentes países y culturas.

- Ellos vivieron en eras diferentes (1400 A.C. hasta 90 D.C).

- Ellos escribieron en tres lenguajes: hebreo, arameo y Griego.

A pesar de estas diferencias, Dios movió a los escritores a enfocarse en Su gloria en la redención del hombre a través de una figura central—Jesucristo, el Hijo de Dios.

■ Yo espero que usted tenga una apreciación por la Escritura.

I. El Antiguo Testamento (39 libros)

A. El Pentateuco (5 libros)

Los primeros cinco libros del Antiguo Testamento fueron escritos por Moisés cerca de 1400 A.C. Ellos son usualmente referidos como los "Cinco Libros de Moisés" o el "Pentateuco."

Liste los libros del Pentateuco en el orden que usted los encuentre en su Biblia.

1. _____Génesis_____ El libro de principios: Creación, hombre, pecado, redención, pueblo de Dios

2. _____Éxodo_____ Dios libera a su pueblo de Egipto

3. _____Levítico_____ Expiación, santidad y adoración por medio de sacrificio y purificación

4. _____Números_____ El pueblo de Dios desobedece continuamente y vaga por el desierto por 40 años

5. _____Deuteronomio_____ Grandes discursos de Moisés para preparar a Israel para entrar a la Tierra Prometida

B. Historia (12 libros)

Los libros históricos fueron escritos entre 1400 y 450 A.C. y describen los tratos de Dios con Su pueblo escogido, Israel, la nación hebrea.

Liste estos libros en el orden que aparecen en su Biblia.

1. _____ Josué _____
2. _____ Jueces _____
3. _____ Rut _____
4. _____ 1 Samuel _____

5. _____ 2 Samuel _____
6. _____ 1 Reyes _____
7. _____ 2 Reyes _____
8. _____ 1 Crónicas _____

9. _____ 2 Crónicas _____
10. _____ Esdras _____
11. _____ Nehemías _____
12. _____ Ester _____

C. Poesía (5 libros)

Los siguientes cinco libros son poéticos, describiendo en poesía y canción la grandeza de Dios y Su trato con los hombres.

Liste estos libros en el orden que aparecen en su Biblia.

1. _____ Job _____ El sufrimiento y confianza leal de un hombre que amaba a Dios

2. _____ Salmos _____ Canciones de alabanza e instrucción

3. _____ Proverbios _____ La sabiduría práctica de Dios para la vida diaria

4. _____ Eclesiastés _____ El vacío de una vida terrenal sin Dios

5. _____ Cantares _____ Una celebración del gozo matrimonial

D. Profetas Mayores (5 libros)

Un profeta era una persona designada por Dios para entregar Su mensaje a los hombres. Estos libros se llaman "Profetas Mayores" porque son generalmente más largos que los escritos de los "Profetas Menores". Los Profetas Mayores fueron escritos aproximadamente entre 750 y 550 A.C.

Liste estos libros en el orden que aparecen en su Biblia.

1. _____ Isaías _____
2. _____ Jeremías _____

3. _____ Lamentaciones _____
4. _____ Ezequiel _____

5. _____ Daniel _____

E. Profetas Menores (12 libros)

Los últimos 12 libros del Antiguo Testamento fueron escritos aproximadamente entre 840 y 400 A.C.

Liste estos libros en el orden que aparecen en su Biblia.

1. _____ Oseas _____
2. _____ Joel _____
3. _____ Amos _____
4. _____ Abdías _____

5. _____ Jonás _____
6. _____ Miqueas _____
7. _____ Nahum _____
8. _____ Habacuc _____

9. _____ Sofonías _____
10. _____ Hageo _____
11. _____ Zacarías _____
12. _____ Malaquías _____

II. El Nuevo Testamento (27 libros)

El Nuevo Testamento, o Nuevo Pacto, revela a Jesucristo, el Redentor de los hombres. En el cual encontramos:

- La vida de Cristo

- El camino a la salvación

- El comienzo del cristianismo

- Instrucción para la vida cristiana

- El plan de Dios para el futuro

A. Historia (5 libros)
1. Los Evangelios (los primeros 4 libros)

a. _____Mateo_____ La vida de Cristo, escrita específicamente para los judíos, revelando a Jesucristo como el tan esperado Mesías.

b. _____Marcos_____ La vida de Cristo, revelando a Jesús como el Siervo obediente de Dios; escrito específicamente para el mundo romano

c. _____Lucas_____ La vida de Cristo, revelando a Jesús como el hombre perfecto, enfatizando Su humanidad; escrito por Lucas, un griego, para el mundo griego

d. _____Juan_____ La vida de Cristo, revelando a Jesús como el Hijo de Dios, enfatizando Su deidad; muy evangelístico

¿Qué dos razones se dan para la redacción del Evangelio de Juan (Juan 20:31)?

1. _____Para demostrar que Jesús es el Cristo (Mesías), el Hijo de Dios (Deidad)_____

2. _____Que al creer en Su nombre, los pecadores pueden tener vida_____

2. Historia de la Iglesia Primitiva (1 libro)

_____Hechos_____ El comienzo y la propagación de la iglesia cristiana; se podría llamar los "Hechos del Espíritu Santo," y fue escrito como una herramienta evangelística.

B. Cartas o Epístolas (21 libros)
Estos libros fueron escritos a individuos, a iglesias, o a los creyentes en general. Las cartas tratan con cada aspecto de la fe y responsabilidad cristiana.

Liste estos libros en el orden que aparecen en su Biblia.

1. Cartas de Pablo (13 libros)

a. _____Romanos_____   h. _____1 Tesalonicenses_____

b. _____1 Corintios_____   i. _____2 Tesalonicenses_____

c. _____2 Corintios_____   j. _____1 Timoteo_____

d. _____Gálatas_____   k. _____2 Timoteo_____

e. _____Efesios_____   l. _____Tito_____

f. _____Filipenses_____   m. _____Filemón_____

g. _____Colosenses_____

2. Cartas Generales (8 libros)

a. _____Hebreos_____   e. _____1 Juan_____

b. _____Santiago_____   f. _____2 Juan_____

c. _____1 Pedro_____   g. _____3 Juan_____

d. _____2 Pedro_____   h. _____Judas_____

C. Profecía (1 libro)

El último libro del Nuevo Testamento nos habla de los acontecimientos futuros.

- Retorno de Cristo

- Reinado de Jesucristo

- Gloria de Jesucristo

- Estado futuro de los creyentes y los no creyentes

Este libro se llama _____Apocalipsis_____.

III. Cristo en la Biblia

A. El Antiguo y el Nuevo Testamento deben ser vistos juntos, ya que ambos representan a Jesucristo como la figura central.

Lea los versículos siguientes y llene los espacios en blanco.

1. Lucas 24:27. Se ve a Cristo en_____todas las Escrituras_____.

2. Juan 5:39. Jesús dijo que las Escrituras "dan testimonio de ___Mí___."

B. La clave es Jesús.

5 Ley	12 Historia	5 Poesía	17 Profecía	4 Evangelios	1 Historia	21 Cartas	1 Profecía
Promesas de Cristo	*Anticipación de Cristo: Tipos, Experiencias, y Profecías*			*Manifestación de Cristo*	*La Iglesia de Cristo*		*Coronación de Cristo*

IV. ¿Por Qué Es Importante la Biblia?

Cuando Jesús fue tentado por Satanás, Él aludió a Deuteronomio 8:3: "El hombre no sólo vive de pan, sino que vive de todo lo que procede de la boca del SEÑOR." (Matthew 4:4).

A. ¿Qué dice 2 Timoteo 3:16 acerca de la Biblia? (Escoja la respuesta correcta.)

☐ Parte de la Biblia es inspirada por Dios.

☐ Hay algunas partes que no son inspiradas.

☐ La Biblia entera es inspirada por Dios.

☐ Solo esas partes que nos hablan de una manera personal son inspiradas por Dios.

■ El Antiguo Testamento es la revelación de Dios para mostrar al hombre cómo es Dios, quién es Dios, qué tolera Dios y qué no, y cómo Dios desea la santidad y castiga el pecado. El Nuevo Testamento es Dios revelado a través de Su Hijo en la vida de Su Hijo, en el mensaje de Su Hijo, en el entendimiento de la obra de Su Hijo, y en la culminación y venida de Su Hijo a establecer Su reino eterno. Pero en cualquier caso, Antiguo Testamento o Nuevo Testamento, Dios habló. Y lo que tenemos es definitivamente la palabra de Dios. Esta no es la palabra de hombre.

Así que, estos hombres no fueron inspirados pero la Escritura lo es. Dios sopló en ellos y ellos lo escribieron, palabra por palabra, lo que Dios sopló en ellos. Era algo más que un dictado. Ellos no estaban solo escuchando una voz y escribiendo mecánicamente cada palabra; estaba fluyendo a través de sus corazones y sus almas y sus mentes y sus emociones y sus experiencias. Pero cada palabra salió siendo la Palabra de Dios. A medida que Dios sopló en ellos el mensaje y fueron llevados por el Espíritu Santo, lo decían y algunos de ellos lo escribieron. Es un proceso milagroso, sobrenatural e inexplicable que produce la Palabra de Dios para nosotros.

John MacArthur

B. ¿Cómo muestran los próximos versículos la importancia de la Palabra de Dios?

1. 2 Timoteo 3:15 _____ Las Escrituras son capaces de dar la sabiduría que lleva a la salvación. _____

_____

_____

2. Hebreos 4:12 ___ "Porque la palabra de Dios es viva y eficaz, y más cortante que cualquier espada de ___ dos filos; penetra hasta la división del alma y del espíritu, de las coyunturas y los tuétanos, y es poderosa para discernir los pensamientos y las intenciones del corazón."

C. ¿Cuáles son cuatro cosas que hace la Palabra de Dios?

1. Salmo 19:7a _Restaura el alma_

2. Salmo 19:7b _Hace sabio al sencillo_

3. Salmo 19:8a _Alegra el corazón_

4. Salmo 19:8b _Alumbra los ojos_

V. Aplicación

Basado en lo que usted ha aprendido sobre la Biblia, ¿cuál debiera de ser su respuesta?

(Las respuestas serán variadas)

■ Cuando se trata de una vida piadosa y un servicio santo, para crecer en la "disciplina y amonestación del Señor" (Ef. 6:4), la Escritura, inspirada por Dios, nos provee el total y completo conjunto de verdad divina necesaria para vivir como nuestro Padre que está en los cielos desea que nosotros vivamos. La sabiduría y orientación para el cumplimiento de todo lo que Él nos manda a creer, pensar, decir y hacer se encuentra en Su inerrante, autoritativa, exhaustiva y completa Palabra.

No hace falta decir que es imposible de creer, entender, y seguir lo que usted ni siquiera sabe. Es completamente inútil, así como insensato, esperar vivir una vida espiritual sin conocer la verdad espiritual. Los cristianos que no han sido bíblicamente enseñados, especialmente los que asisten a iglesias que no enseñan bíblicamente, son presa fácil de los maestros falsos. Ellos son "niños, sacudidos por las olas y llevados de aquí para allá por todo viento de doctrina, por la astucia de los hombres, por las artimañas engañosas del error" (Ef. 4:14). A través de la mayor parte de la historia de redención, Dios pudo haber dicho lo que Él dijo en el tiempo de Oseas: "Mi pueblo es destruido por falta de conocimiento" (Os. 4:6). Es por esa razón, al igual que la aún mayor razón de honrar al Señor, que el estudio regular, sistemático y profundo de la doctrina en la Palabra de Dios es imperativa para el pueblo de Dios.

John MacArthur

Comentario Del Nuevo Testamento MacArthur, *2 Timoteo* (Moody), © 1987 por John MacArthur. 154–55.

Use el siguiente gráfico para distinguir las relaciones entre los varios libros de la Biblia.

UN VISTAZO DE LA BIBLIA
66 LIBROS

ANTIGUO TESTAMENTO				NUEVO TESTAMENTO		
HISTORIA 17 LIBROS	**POESÍA** 5 LIBROS	**PROFECÍA** 17 LIBROS		**HISTORIA** 5 LIBROS	**CARTAS** 21 LIBROS	**PROFECÍA** 1 LIBRO
LA LEY		**PROFETAS MAYORES**		**EVANGELIOS**	**CARTAS PAULINAS**	Apocalipsis
1 Génesis 2 Éxodo 3 Levítico 4 Números 5 Deuteronomio	1 Job 2 Salmos 3 Proverbios 4 Eclesiastés 5 Cantares	1 Isaías 2 Jeremías 3 Lamentaciones 4 Ezequiel 5 Daniel		1 Mateo 2 Marcos 3 Lucas 4 Juan	1 Romanos 2 1 Corintios 3 2 Corintios 4 Gálatas 5 Efesios 6 Filipenses 7 Colosenses 8 1 Tesalonicenses 9 2 Tesalonicenses 10 1 Timoteo 11 2 Timoteo 12 Tito 13 Filemón	
HISTORIA Y GOBIÉRNO		**PROFETAS MENORES**		**HISTORIA DE LA IGLESIA PRIMITIVA**		
1 Josué 2 Jueces 3 Rut 4 1 Samuel 5 2 Samuel 6 1 Reyes 7 2 Reyes 8 1 Crónicas 9 2 Crónicas 10 Esdras 11 Nehemías 12 Ester		1 Oseas 2 Joel 3 Amós 4 Abdías 5 Jonás 6 Miqueas 7 Nahum 8 Habacuc 9 Sofanías 10 Hageo 11 Zacarías 12 Malaquías		Hechos	**CARTAS GENERALES** 1 Hebreos 2 Santiago 3 1 Pedro 4 2 Pedro 5 1 Juan 6 2 Juan 7 3 Juan 8 Judas	

Aproximadamente 400 años entre cada Testamento

El Nuevo está en el Antiguo, escondido.
El Antiguo está en el Nuevo, revelado.

Dios utilizó 40 hombres distintos a través de un período de 1.500 años (desde aproximadamente 1400 A.C. hasta 90 D.C.) para escribir la Biblia — 2 Pedro 1:20-21

Cómo la Biblia Llegó a Ser Nuestra

Manuscritos Originales

alrededor de 1500 A.C. hasta 100 D.C.

Sesenta-y-seis trabajos distintos. Algunos escritores desconocidos.

↙ ↘

Manuscritos en el lenguaje original   Traducciones a otros lenguajes y citas

↙ ↘

D.C. 385–404: La Traducción Vulgata en Latín de Jerónimo

▼

700–1000: Varias traducciones parciales Anglo-Sajonas

▼

1382: Traducciones completas por John Wycliffe y seguidores

▼

1525–1535: Primera traducción impresa por William Tyndale

▼

1535: Traducción de Coverdale; 1537: De Mateo; 1539: De Taverner y la traducción de la Gran Biblia;
1560: Biblia de Ginebra; 1568: De Bishop; 1610: De Rheim -Douai

▼

1611: Versión King James

▼

1885: Versión English Revised

▼

1901: Versión American Standard

▼

Mas Descubrimientos →   **1947: Rollos del Mar Muerto**

▼

1952: Versión Revised Standard ; 1960: Versión New American Standard ;
1973: Versión New International
1995: Revisión de New American Standard 2001: Versión English Standard

INTRODUCCIÓN A LA BIBLIA

Los Objetivos de la Lección 1

1. Explicar el origen de la Biblia, incluyendo la revelación y cómo Dios usó a hombres para escribir Su Palabra.

2. Darle al estudiante una breve vista acerca de la Biblia, su estructura y el contenido básico de cada libro.

3. Presentar los temas principales de la Biblia: Jesucristo, Su gloria, y el plan de salvación.

4. Presentar lo que dice la Biblia sobre ser la inspirada Palabra de Dios ella misma.

5. Para inculcar en el estudiante la dinámica, la autoridad, la veracidad y lo completa que es la Biblia.

El Plan de Clase para la Lección 1

1. Revelación Natural y Especial.

2. Información general sobre la Biblia, incluyendo su origen, títulos y traducciones.

3. Inspección de la Biblia: Antiguo Testamento y Nuevo Testamento. (Esto puede que tome dos sesiones para lograrse.)

4. La inspiración y credibilidad de la Biblia.

Preguntas Comunes para la Lección 1

¿De dónde vino la Biblia?

¿Por qué hay tantas diferentes traducciones de la Biblia?

¿Cómo sabemos que la Biblia es la Palabra inspirada por Dios?

¿Cómo puede ser que hombres escribieron la Biblia y aun así decimos que Dios escribió la Biblia?

Esquema de Enseñanza Sugerido Lección 1

1. Calentamiento

Si el grupo tiene nuevos miembros desde la última vez, tome un momento para introducciones. Pídales a aquellos que oyeron la lección por la página Web que compartan un aspecto interesante y personal de lo que escucharon.

Repase el versículo a memorizar, 2 Timoteo 3:16. Siga con una declaración acerca del punto de partida de estas lecciones: La Santa Biblia es la fundación de donde todo el material de FDF sacará su autoridad (2 Timothy 3:16). Por lo tanto, dejemos que la Escritura hable por sí sola, porque es viva y eficaz (Hebreos 4:12). Son las palabras de la Escritura las que son poderosas y capaces de cambiar los corazones y pensamientos de los hombres.

Dele al estudiante un mapa del camino acerca de lo que usted cubrirá en esta lección:

1. Discutiremos sobre la revelación: revelación natural así como también revelación especial.

2. Veremos la Biblia: información general, estructura, contenido, y temas.

3. Veremos lo que clama la Biblia acerca de su inspiración: ser las propias palabras de Dios.

2. Revelación

Hay dos categorías de revelación: revelación natural y revelación especial. Guíe a los estudiantes a través de una discusión sobre ambas, pero comoquiera, primero discuta la definición de revelación.

A. Definición

Use sus notas del mensaje de MacArthur y guíe al grupo a llegar a una definición de revelación e inspiración. Expanda sobre el principio de que Dios es la fuente de esta revelación, mientras que la inspiración es el proceso que Dios usó para darnos la revelación especial de las Escrituras (2 Timoteo 3:16).

Revelación: El acto de Dios por el cual Él revela al hombre lo que de otra manera sería desconocido.

Inspiración: Proceso por el cual Dios, como el instigador, movió a los hombres a través del Espíritu Santo para escribir las palabras de Dios.

B. Revelación Natural

Revelación Natural, también llamada revelación general, es Dios revelándose a Sí mismo al hombre a través de la creación y de la conciencia.

- A través de la creación —Romanos 1:18–20

- A través de la conciencia—Romanos 2:14–15

Repase estos pasajes con sus estudiantes y discuta la importancia y los límites de la revelación natural/general. Usted puede comenzar la discusión con sus estudiantes preguntándoles las siguientes preguntas en Romanos 1:18–20:

1. *¿Cómo se ha revelado Dios al hombre?* Respuesta: A través de la creación y de su Ley escrita en nuestros corazones.

2. *¿Qué nos enseña la creación acerca de Dios?* Respuesta: Vemos Sus atributos invisibles; Su poder eterno y naturaleza divina.

Luego pregúnteles las siguientes preguntas para discusión:

1. *¿Cuál es el propósito de la revelación natural/general?* Respuesta: Mover al hombre a buscar una revelación más alta de Dios.

2. *¿Cómo queda corta la revelación natural/general de proveerles a las personas suficiente información para guiarlos a la salvación?* Respuesta: La revelación natural da evidencia de que Dios existe, sin embargo, no revela cómo el hombre puede ser salvado de sus pecados y de su separación de Dios. Por esto es que Dios también ha provisto de la revelación especial.

C. Revelación Especial

Revelación Especial es Dios revelándose a Sí mismo al hombre a través de milagros y señales, sueños y visiones, teofanías (apariencias de Dios de una forma tangible), a través de profetas y el más grande profeta Jesucristo, y a través de las palabras escritas de Dios en la Biblia.

Saque tiempo para leer Hebreos 1:1–2. Recuerde a la clase lo que dijo el Dr. MacArthur en su mensaje en línea:

■ El escritor de Hebreos está en efecto diciendo que Dios habló en dos ocasiones. Él habló hace mucho tiempo; Él habla en estos últimos días a través de Su Hijo. Ahora, creo que somos justos al evaluar el hecho de que él tiene en mente aquí la revelación del Antiguo Testamento y la revelación del Nuevo Testamento. Dios habló hace mucho a los padres judíos. Esos eran los profetas del Antiguo Testamento, aquellos que recibieron la Palabra de Dios hace mucho tiempo estando bajo el antiguo pacto. Él les habló a esos padres a través de los profetas en muchas porciones, *polumeros*, muchos libros, muchas secciones. Y usted sabe que están el Pentateuco y los libros proféticos y los libros históricos y están los libros de poesía. Y en muchas porciones y en muchos libros, Dios habló. Él les habló a los padres judíos. El habló a través de los profetas.

Él también habló, dice aquí, de muchas maneras, *polutropos*. Eso significa a través de visiones, profecías, parábolas y tipos, símbolos y ceremonia, teofanías, y a veces por voz audible. Y Él incluso escribió con Su dedo en piedra. Habían muchas maneras en que Dios habló muchas cosas, coleccionado en muchos textos, puesto en muchos libros, y Él habló a aquellos de antaño a través de los profetas. Eso es una declaración con referencia al hecho de que el Antiguo Testamento es Dios hablando.

John MacArthur

1. Tipos de revelación especial

La clase puede que halle de ayudá el repasar algunos de los siguientes versículos como ejemplos de la revelación especial de Dios fuera de su Palabra revelada:

- Teofanías
  - ◊ A Abraham—Génesis 17:1
  - ◊ A Isaac—Génesis 26:2
  - ◊ A Jacob—Génesis 32:30
  - ◊ A Moisés—Éxodo 3:2–6
- Sueños y Visiones
  - ◊ La escalera de Jacob—Génesis 28:12–16
  - ◊ Daniel—Daniel 2:19, 28
- Milagros y Señales
  - ◊ Diluvio—Génesis 7
  - ◊ Zarza ardiente—Éxodo 3

◊ Plagas en Egipto—Éxodo 7–13

◊ Separación del Mar Rojo—Éxodo 14

2. La suficiencia de la revelación especial

La revelación especial de Dios, a través de Su Palabra escrita, la Biblia, va más allá de la revelación natural. La Biblia es suficiente para guiar a uno a salvación pero no revela todo acerca de Dios al hombre.

- Use 2 Timoteo 3:15–17 para enseñarles a los estudiantes que la Biblia es suficiente para salvación, así como para el equipamiento de los santos.

- Aun así las escrituras no revelan todo a los cristianos. Algunas cosas son dejadas en el misterio de Dios (Deuteronomio 29:29; Romanos 11:33).

3. Información general sobre la Biblia

Repase brevemente la siguiente información general sobre la Biblia, especialmente la sección sobre el Antiguo y Nuevo Pacto. Esta es una oportunidad para presentar el evangelio a aquellos que quizás no entienden la diferencia entre la salvación basada en obras y la salvación basada solamente en la sangre de Cristo.

A. ¿Cómo obtuvimos la Biblia?

Pida que un alumno lea 2 Pedro 1:21.

Punto: Dios habló a través de los hombres para escribir Sus palabras → Manuscritos

- ◆ Escritos a lo largo de 1600 años: 1500 A.C. a 100 D.C.

- ◆ 40 autores diferentes

- ◆ 66 libros (Antiguo Testamento 39; Nuevo Testamento 27)

Nota: No existen manuscritos (i.e., autógrafos) originales al día de hoy.

Lenguajes:

- ◆ Antiguo Testamento escrito en hebreo y arameo (Daniel 2–6 y Esdras 4–7 escritos en Arameo)

- ◆ Septuaginta—una traducción griega del Antiguo Testamento escrita en 3 A.C. Llamada la "LXX" (número romano para 70) porque fue el trabajo de 70 ancianos judíos

- ◆ Nuevo Testamento escrito en griego

B. Títulos de la Biblia

Brevemente discuta las diferentes referencias a la Biblia.

- ◆ Biblia—significando libro o pergamino; llegó a ser conocida como *El Libro*

- ◆ Canon—palabra griega que significa *regla* o *norma*; llegó a significar la Escritura en sí misma

- ◆ Escritura—Juan 7:38

- ◆ Los Escritos—2 Timoteo 3:15

♦ La Palabra de Dios—1 Tesalonicenses 2:13

♦ La Ley, los Profetas, y los Salmos—Lucas 24:44

C. El Antiguo Testamento y el Nuevo Testamento

La palabra "Testamento" se deriva del latín *Testamentum* significando un documento de última voluntad. La palabra griega para "testamento" es *suntheke*, significando un acuerdo o un pacto suscrito por las partes contratantes.

♦ El Antiguo Testamento estaba basado en el Antiguo Pacto (Éxodo 19:5; Deuteronomio 28:1, 15): un pacto de obediencia y bendición.

♦ El Nuevo Testamento está basado en el Nuevo Pacto.

◊ El Nuevo Pacto es mejor que el Antiguo (Hebreos 7:22; 8:6).

◊ El Antiguo Pacto ya no está en efecto (Hebreos 8:13).

◊ El Nuevo Pacto es a través de la sangre de Cristo (Lucas 22:20).

◊ El Nuevo Pacto no es de la Ley sino del Espíritu (2 Corintios 3:5–6).

D. Libros Apócrifos

Es importante el discutir los escritos apócrifos porque estos están incluidos en la Biblia católica y muchos de los estudiantes de *FDF* tienen un antecedente católico.

Nota: *Apócrifo* significa "escondido."

Hay 14 libros Apócrifos. Nosotros no los aceptamos como inspirados por Dios porque:

♦ Nunca son citados en el Nuevo Testamento. También Cristo nunca los menciona en Su lista en Lucas 24:44.

♦ Carecen del soporte y aprobación de los escritores judíos antiguos.

♦ Tienen problemas con su contenido. Por ejemplo, el libro de Tobías enseña que el dar limosna puede salvar de la muerte y la morada oscura (Tobías 4:8–10; 12:9). Segunda Macabeos 12:43–46 indica que uno puede hacer expiación por los muertos. Está claro que estas enseñanzas son inconsistentes con las enseñanzas bíblicas.

♦ No tienen poder profético (esta es una marca poderosa de la verdadera Escritura).

E. Traducciones de la Biblia

Esté preparado para darle a la clase un breve repaso sobre las diferentes traducciones de la Biblia. Dependiendo de la experiencia de su clase, mantenga un lenguaje no técnico. Usualmente la mejor ilustración de las diferencias entre las traducciones de la Biblia es escoger un pasaje familiar como el Salmo 23 o Juan 3:16 y pedirle a varias personas con diferentes traducciones que lean estos versículos. ¿Están estas traducciones diciendo algo diferente o diciendo lo mismo de una manera distinta? Explique que la traducción La Biblia de las Américas, usada en las lecciones de FDF, es una traducción al español ideal para el estudio detallado de la Biblia.

Nota: La última página de la lección lista las diferentes versiones de la Biblia y la fecha de cada traducción.

4. Estudio de la Biblia (lección #1 secciones I y II)

Usted está listo ahora para hacer un estudio del Antiguo Testamento, y luego del Nuevo Testamento. Usted estará dando un breve repaso de cada libro de la Biblia y de cómo se ajusta a los grandes temas de la Escritura. Esto usualmente toma 1½ sesiones de clase.

Líneas de tiempo y Mapas: Se sugiere ajustar el estudio de la Biblia en una línea de tiempo. Esto da al estudiante un punto de referencia mientras usted habla sobre cada uno de los libros y personas asociadas y eventos. También sirve de ayuda el usar un mapa del período de tiempo que usted está cubriendo. Esto permite al estudiante imaginarse los eventos de los que se está hablando en sus ubicaciones geográficas.

A. Estudio del Antiguo Testamento

1. Personas y eventos importantes del Antiguo Testamento

   Use esta información aquí dabajo cuando se esté haciendo el estudio del Antiguo Testamento.

   - 4000 A.C.   Creación
   - 2300 A.C.   Diluvio
   - 2000 A.C.   Abraham (Abram)
   - 1860 A.C.   Isaac
   - 1820 A.C.   Jacob
   - 1700 A.C.   José → Egipto; Hambruna; Jacob → Egipto
   - 1446 A.C.   Éxodo (10 plagas/Institución de la Pascua)
   - 1000 A.C.   Reyes (Saúl, David, Salomón)
   - 900 A.C.   Reino dividido
   - 700 A.C.   Asiria destruye a Israel
   - 606 A.C.   Cautiverio de Judá por Babilonia (70 años)
   - 536 A.C.   Los judíos regresan a Jerusalén—Esdras (reconstruye el templo); Nehemías (reconstruye el muro)

2. Secciones del Antiguo Testamento

   Antes de comenzar el estudio del Antiguo Testamento, discuta las diferentes secciones del Antiguo Testamento. Explique que los 39 libros del Antiguo Testamento son divididos en 3 secciones mayores:

   - 17 Libros Históricos
   - 5 Libros Poéticos/Sabiduría
   - 17 Libros Proféticos

   Nota: Aunque los 17 libros históricos están en orden cronológico, los poéticos y proféticos no lo están, pero necesitan ser entretejidos en el período de tiempo histórico.

Pida a sus estudiantes que vayan al comienzo de la lección #1, sección IA.

Pregunte: *¿Cómo se le llama a los primeros cinco libros de la Biblia?* Respuesta: El Pentateuco.

Pídale a un estudiante que lea los nombres de estos 5 libros, y luego hable a través de cada libro usando su línea de tiempo y su mapa, cubriendo personas claves y eventos.

Importante: Asegúrese de cubrir la Pascua (Éxodo 12:3–13) y de hablar sobre Cristo como el último Cordero de Pascua (Juan 1:29, 36; 1 Corintios 5:7; Isaías 53:7). ¡Esto es una oportunidad para presentar el evangelio!

Nota: Usted necesita saber esta información tan bien para que usted pueda hablar con fluidez acerca de los eventos mayores y personas, y hacer preguntas mientras usted lo hace. Motive a los estudiantes a interactuar mientras usted repasa el material. Permítales a los estudiantes que tienen conocimiento de la Biblia describir los eventos y hablar sobre las personas claves mientras usted los va guiando.

¿Necesita ayuda?: Para ayudarle con eventos claves y personas dentro de cada uno de los libros de la Biblia, existen varios recursos disponibles tales como *El Manual de la Biblia MacArthur* por John MacArthur.

Límite de tiempo: El tiempo que usted dure en cada libro de la Biblia durante este repaso dependerá del tiempo disponible para cada clase. Recuerde, hay 66 libros, así que usted tiene que ir rápido, solamente deteniéndose en las personas y eventos claves.

Pídales a sus estudiantes que vayan a la lección #1, sección IB.

Pregunte: *¿Cómo se le llama a los siguientes 12 libros de la Biblia?* Respuesta: Los libros históricos.

Pídale a un estudiante que lea los nombres de estos 12 libros, y luego hable sobre cada uno de estos libros usando la línea de tiempo y el mapa, cubriendo personas y eventos claves.

Pídales a sus estudiantes que vayan a la lección #1, sección IC.

Pregunte: *¿Cómo se le llama a los próximos 5 libros de la Biblia?* Respuesta: Los libros poéticos.

Pídale a un estudiante que lea los nombres de estos 5 libros, y luego deles un breve repaso sobre cada libro, explicando cuando ocurrió dentro del espacio de tiempo histórico.

Pídale a sus estudiantes que vayan a la lección #1, sección ID y IE.

Así como arriba, haga lo mismo con los profetas mayores y los profetas menores.

Comience preguntándoles a sus estudiantes, *¿Por qué son los profetas mayores llamados "mayores" y los profetas menores llamados "menores"?* Respuesta: Los profetas mayores son libros más largos que los profetas menores.

B. Estudio del Nuevo Testamento

Usted seguirá el mismo formato que usó para presentar el estudio bíblico del Antiguo Testamento al presentar el estudio bíblico del Nuevo Testamento. La siguiente información puede que sea de ayuda para su presentación:

1. Secciones del Nuevo Testamento

   Las secciones del Nuevo Testamento son similares al Antiguo Testamento. Explique que los 27 libros del Nuevo Testamento también se dividen en tres secciones mayores:

   - Los primeros 5 libros del Nuevo Testamento son Históricos

   - Los próximos 21 libros son Epístolas Doctrinales

   - El último libro, Apocalipsis, es Profético

2. Puntos y eventos claves a resaltar cuando se estudie el Nuevo Testamento

   ◆ Mateo, Marco, y Lucas son llamados los Evangelios Sinópticos. (Sinóptico significa "viendo juntos"). Ellos cubren las siguientes personas y eventos claves:

     ◊ El nacimiento de Cristo

     ◊ Juan el Bautista

     ◊ Las tentaciones de Cristo

     ◊ Selección de los 12 discípulos

     ◊ El Sermón del Monte (Mateo 5:1–7:29)

     ◊ Discurso del Monte de los Olivos (Mateo 24–25)

     ◊ Los milagros de Cristo

     ◊ Las parábolas de Cristo

     ◊ Lázaro levantado de los muertos

     ◊ El arresto, juicio, crucifixión, entierro y resurrección de Cristo

   ◆ El evangelio de Juan presenta a Cristo como Dios.

     ◊ El libro de las siete señales (milagros de Cristo)

     ◊ El libro de los YO SOY

   ◆ El libro de Hechos ofrece la transición del judaísmo a la iglesia de Cristo.

     ◊ La ascensión de Cristo

     ◊ Pentecostés—50 días después de la Pascua

     ◊ Personas clave: Pedro, Pablo

     ◊ La conversión de Pablo y sus viajes misioneros (use un mapa)

   ◆ Epístolas—dé un breve repaso de cada una

     ◊ Cartas a las iglesias (indique en el mapa)

     ◊ Cartas a individuos

   ◆ Apocalipsis (el único libro profético)

◊ La tribulación y el retorno de Cristo

◊ El reino y el juicio final

5. Cristo en la Biblia (lección #1, sección III)

Comente sobre las respuestas de los estudiantes a cada una de las preguntas en esta sección.

A. Lucas 24:27. Se ve a Cristo en toda la Escritura.

B. Juan 5:39. Jesús dijo que las Escrituras "dan testimonio de Mí."

Esté preparado para explicar cómo Cristo es visto a través del Antiguo Testamento:

♦ Cristo es prometido a través de la bendición al linaje de Abraham (Génesis 12:1–3).

♦ Cristo es visto en la Pascua, así como Él sería luego el verdadero cordero de Pascua (Éxodo 12; Juan 1:29, 36).

♦ La crucifixión de Cristo fue prevista (Salmos 22:1–8; Isaías 53:4–7).

♦ El lugar de nacimiento de Cristo fue previsto (Miqueas 5:2).

♦ El reino, dominio y la gloria futura de Cristo fueron previstos (Daniel 7:14).

6. ¿Por qué es importante la Biblia? (lección #1, sección IV)

Sección IV, B, 1, dé la lección presenta la Biblia como la inspirada Palabra de Dios. Esta declaración de la Escritura es una doctrina clave en la fe cristiana. Esté preparado para discutir esta doctrina con su clase. Aquí abajo hay notas para ayudarle en su preparación para la discusión.

LA INSPIRACIÓN DE LA BIBLIA

Comience la discusión preguntando, *¿Qué significa inspiración?*

Luego de la discusión déles la definición: *Inspiración es Dios supervisando y dirigiendo a los hombres para escribir Sus palabras. Es el proceso por el cual Dios, como el instigador, trabajó a través de profetas humanos sin destruir sus personalidades individuales y estilos, para producir escritos divinos y llenos de autoridad.*

Discuta con la clase algunos de los conceptos erróneos concernientes a la Biblia que tienen algunos no creyentes así como algunos creyentes. Estos conceptos preconcebidos pueden ser: la Biblia contiene errores o que ha perdido su significado original a través de los últimos dos mil años.

Pregunte, *¿Cómo sabemos que la Biblia es la inspirada Palabra de Dios?*

Puntos claves para explicar:

• La Escritura afirma ser la Palabra de Dios

• La Soberanía de Dios en preservar Su Palabra revelada

A. La Escritura se declara ser la Palabra de Dios

La Biblia es en sí su mejor fuente cuando se discute el tema de la inspiración. Pablo afirmó que el mensaje que él y los otros apóstoles proclamaban era de Dios (1 Tesalonicenses 2:13). A través del Antiguo Testamento hay frases como, "Dios dijo," o "el Señor dijo," o "la Palabra del Señor ."

La Escritura utiliza estos términos repetidamente en relación a la inspiración divina.

De hecho, Pablo le escribe a Timoteo "Toda Escritura es inspirada por Dios" (2 Timoteo 3:16). Tome tiempo en la clase para comentar sobre este pasaje y lo que significa "inspirada". Guíelos hacia la verdad de que "inspirada" literalmente significa "soplado por Dios."

Pablo afirma explícitamente el haber recibido sus palabras de parte del Espíritu de Dios (1 Corintios 2:12–13). Es importante para los estudiantes el reconocer la naturaleza divina de las Escrituras. Todas las palabras en las Escrituras provienen de inspiración divina (2 Pedro 1:20–21; Salmos 16:7–10; Hechos 13:32–35).

B. La Soberanía de Dios en preservar Su Palabra

La soberanía de Dios es una discusión importante concerniente a este tema. Recuerden, Dios está en control de todas las cosas, incluyendo Su Palabra. El propósito de Dios no puede ser desafiado en ninguna área (Isaías 46:10), y esto es verdad de Su Palabra también. Explique que los propósitos y la voluntad de Dios preservan Su Palabra (Isaías 40:8; Mateo 5:18; 1 Pedro 1:25).

LA CANONIZACIÓN DE LA BIBLIA

Pregunta común: "¿Cómo fue reconocido el Canon?"

Muchas personas vienen de la Iglesia Católica Romana y no entienden por qué muchas de las Biblias usadas no tienen los libros Apócrifos. Por lo tanto, saque tiempo para analizar el tema, enseñándoles a los estudiantes por qué tenemos 66 libros en el Canon.

Cuando se discute la naturaleza del Canon, es importante enfatizar que Dios tiene control de todas las cosas (Isaías 46:10; Efesios 1:11). Dios no solamente supervisó la escritura de los libros, sino que también providencialmente reunió y preservó esos escritos que Él inspiró. Aun así, esto no excluye la responsabilidad humana. De hecho, Dios usó medios humanos para reconocer y recibir el Canon. La iglesia de ninguna manera determina el Canon, como dijimos previamente; la iglesia sólo reconoce y recibe aquello que Dios ya ha inspirado y preservado.

Comience la discusión preguntando, *Así que esto plantea la próxima pregunta, ¿por qué estos 66 libros?*

Existen ocho probables razones para los 66 libros.

1. Testimonio de Dios el Espíritu Santo a la autoridad de Su propia Palabra

2. Autoría profética (2 Pedro 1:20–21)

3. El cuidado providencial de Dios en la preservación de lo que Él desea preservar de acuerdo a Su propia voluntad (Isaías 40:8; Mateo 5:18; 1 Pedro 1:25).

4. El pueblo de Dios respondiendo en reconocimiento del Canon de Dios con fe y sumisión

5. Muchos de los libros en el Canon presente dicen ser la Palabra de Dios.

6. En lo que se refiere al Antiguo Testamento, Cristo validó los libros del Antiguo Testamento (Lucas 24:44; 11:51; Mateo 4:4, 7, 10; 22:29–30).

7. En lo que se refiere al Nuevo Testamento, Pedro reconoció los escritos de Pablo como igual con la Escritura (2 Pedro 3:15–16). Pablo reconoció a Lucas 10:7 como Escritura en 1 Timoteo 5:18.

Estos argumentos pueden ser utilizados para apoyar la inclusión de los libros que se encuentran en el Canon de hoy en día. Los libros que están en la Biblia tienen la cualidad de inspiración y fueron reconocidos por la iglesia primitiva como autoridad.

LA CREDIBILIDAD DE LA BIBLIA

Los creyentes no les pueden probar a los incrédulos que la Biblia es la Palabra de Dios. La razón es porque los no creyentes están espiritualmente muertos (Romanos 3:10–18) y así son incapaces de afirmar la credibilidad de la Escritura. Los incrédulos deben ser confrontados con el evangelio mismo. Una vez salvados, el Espíritu Santo convencerá a la persona del hecho de que la Biblia es la Palabra de Dios.

El propósito de esta sección es el de fortalecer la convicción del creyente de que la Biblia es la Palabra de Dios. Algunas de las razones para encontrar la Biblia creíble:

- ◆ Hombres ordinarios escribieron las Escrituras. De hecho, Juan y Pedro eran ambos pescadores, mientras que Mateo era un recaudador de impuestos. Dios no hizo uso de los filósofos de la época, ¡sino que Él usó hombres comunes para escribir un libro fuera de lo común!

- ◆ La Biblia también es internamente consistente. Es decir, no hay errores o contradicciones. La Biblia fue escrita en un período de 1600 años por 40 autores diferentes, en tres idiomas diferentes. Sin embargo, ¡la Biblia permanece sin errores y contradicciones! Los que se oponen a Dios y a Su Palabra han buscado desacreditar la Biblia. Sin embargo, ningún hombre ha encontrado información en la Biblia que pueda ser demostrada ser errónea. Ningún libro ha sido más examinado que la Biblia, y todavía se mantiene firme como la Palabra infalible de Dios.

- ◆ La Biblia es un libro poderoso y dinámico que no sólo ha cambiado la vida de millones de personas, sino que también convence al pueblo de Dios de pecado y los lleva por sendas de justicia por amor de Su nombre. La Biblia ha tenido más influencia que cualquier otro libro jamás escrito.

- ◆ La Biblia es históricamente precisa, prestando testimonio creíble para la creación, registro fósil, y así sucesivamente.

- ◆ Jesucristo mismo confirmó la credibilidad de las Escrituras. Jesús creía en la ley y los profetas (Mateo 5:17-18), creía en Jonás (Mateo 12:40-41), y creía en el relato histórico de Sodoma y Gomorra (Mateo 10:15).

- ◆ Hay varias profecías concernientes al Mesías que confirman la credibilidad de la Biblia.

  - ◊ El lugar de nacimiento del Mesías fue predicho 700 años antes de su nacimiento, diciendo que Él iba a nacer en Belén (Miqueas 5:2 cumplido en Lucas 2:4-7).

  - ◊ Cristo sería nacido de una virgen (Isaías 7:14 cumplido en Mateo 1:18–25).

  - ◊ La entrada triunfal de Jesús en Jerusalén fue predicha 700 años antes de lo ocurrido (Zacarías 9:9 cumplido en Juan 12:12-15).

  - ◊ La crucifixión y sufrimiento de Cristo fueron profetizados también 700 años antes de su cumplimiento (Salmo 22:14-18 cumplido en Juan 19:23-37, Isaías 53:4-7 cumplido en Mateo 26:63).

  - ◊ Cada una de estas profecías puede utilizarse para ayudar a los creyentes a fortalecer su resolución acerca de la credibilidad de las Escrituras.

La Biblia fue escrita durante un período de 16 siglos por 40 autores diferentes, y aún así es notablemente consistente. Las profecías hechas acerca de los acontecimientos que tendrían lugar cientos de años después se cumplieron. Ella ha demostrado ser históricamente exacta. Más importante aún, la Biblia afirma ser la Palabra de Dios. La Biblia tiene todas las características de ser la Palabra inspirada de Dios.

7. Aplicación (lección #1, sección V)

Exhorte a sus estudiantes a pasar tiempo en la Biblia y a sumergirse profundamente en las verdades reveladas en ella. Anímelos diciéndoles que ellos no tienen que ser académicos para comprender las Escrituras. Salmo 119:130 dice, "La exposición de tus palabras imparte luz; da entendimiento a los sencillos."

CÓMO CONOCER LA BIBLIA

Prepárese para su Asignación

1. Descargue el mensaje #2, "Cómo Estudiar la Escritura," de www.moodyurban.com/fdlf.

2. Use su cuaderno para tomar notas del mensaje.

3. Trabaje a través de las preguntas y tareas en las siguientes páginas.

Memorice 2 Timoteo 2:15

Procura con diligencia presentarte a Dios aprobado, como obrero que no tiene de qué avergonzarse, que maneja con precisión la palabra de verdad.

■ Es muy obvio, yo creo, para cada cristiano, que la Biblia es la revelación de Dios. Que Dios ha escrito su Palabra para nosotros. Es la única dirección que tenemos para la vida. Es el único estándar que tenemos para el comportamiento. Es la única autoridad. Hay otras cosas que usted puede aprender en la vida que lo ayudan a través de la vida pero no tienen la autoridad que la Palabra de Dios tiene. Cuando la Biblia habla, esa es la voz de Dios. Y es autoritaria y se convierte entonces, para nosotros, en el estándar de vida.

Hay algunos cristianos que leen todo tipo de libros en vez de la Biblia. Y decimos que ellos estudian acerca de la Biblia pero ellos no estudian la Biblia. Lo primordial es estudiar la Palabra de Dios. Dios habla a través de ella. Ahora bien, hay otros buenos libros que hablan a través de otros hombres, con énfasis en la Escritura y la aplicación e interpretación, pero no hay sustituto para la Biblia. Así que en la vida del cristiano debe haber una alimentación diaria de la Palabra de Dios. Esto es critico.

John MacArthur

El "cómo" aprender y aplicar la Escritura a la vida es algo que todo cristiano debiera de saber. Esta lección cubre cinco formas de hacer la Biblia suya: escuchando, leyendo, estudiando, memorizando, y meditando. Compare esos cinco métodos de aprendizaje de la Escritura con sus dedos de la mano. Si usted agarra la Biblia con solo dos dedos, es fácil perder el agarre. Pero a medida que utilice más dedos, su compresión de la Biblia se volverá más fuerte.

Si una persona escucha, lee, estudia, memoriza y luego medita sobre la Biblia, la comprensión de sus verdades se volverá firme; ellas serán parte de su vida. Así como se necesita el dedo pulgar en combinación con cualquier dedo para completar su agarre, así la meditación combinado con el escuchar, leer, estudiar, y memorizar es esencial para una comprensión plena de la Palabra de Dios.

ESCUCHE LA BIBLIA

Así que la fe es por el oír, y el oír, por la palabra de Dios. —*Romanos 10:17*

LEA LA BIBLIA

Bienaventurado el que lee, y los que oyen las palabras de esta profecía, y guardan las cosas en ella escritas; porque el tiempo está cerca. —*Apocalipsis 1:3*

ESTUDIE LA BIBLIA

Y éstos eran más nobles que los que estaban en Tesalónica, pues recibieron la palabra con toda solicitud, escudriñando cada día las Escrituras para ver si estas cosas eran así. —*Hechos 17:11*

MEMORICE LA BIBLIA

¿Con qué limpiará el joven su camino?
    Con guardar tu palabra.
Con todo mi corazón te he buscado;
No me dejes desviarme de tus mandamientos.
En mi corazón he guardado tus dichos,
Para no pecar contra ti. —*Salmo 119:9–11*

MEDITE EN LA BIBLIA

Sino que en la ley de Jehová está su delicia,
Y en su ley medita de día y de noche.
Será como árbol plantado junto a corrientes de aguas,
Que da su fruto en su tiempo,
Y su hoja no cae;
Y todo lo que hace, prosperará. —*Salmo 1:2–3*

I. Porqué Aprender la Biblia

Liste cinco razones para aprender la Palabra de Dios.

- 2 Timoteo 2:15 _para ser aprobado por Dios_
- 1 Pedro 2:2 _para crecer en la salvación_
- Salmo 119:11 _para no pecar contra Dios_
- Salmo 119:38 _produce reverencia para con Dios_
- Salmo 119:105 _es luz para mi camino; dirección_

Nosotros estudiamos la Escritura porque es suficiente.

Toda Escritura es inspirada por Dios y útil para enseñar, para reprender, para corregir, para instruir en justicia. —2 Timoteo 3:16

II. Cómo Aprender la Biblia

A. Escúchela

"Así que la fe viene del oír, y el oír, por la palabra de Cristo." (Romanos 10:17).

1. 1.¿Quién dijo Jesús que sería bendecido (Lucas 11:28)?

   Aquellos quienes oyen la Palabra de Dios y la guardan.

2. Al proclamar la Palabra, ¿qué deberían hacer los pastores y maestros (Nehemías 8:7–8)?

   Leer la Palabra y dar el sentido, para que la gente entienda.

B. Léala

"Bienaventurado el que lee y los que oyen las palabras de la profecía y guardan las cosas que están escritas en ella, porque el tiempo está cerca" (Apocalipsis 1:3).

1. Escriba Apocalipsis 1:3 en sus propias palabras.

   Cuando usted lee y obedece la Palabra de Dios usted será bendecido.

2. ¿A qué le dijo Pablo a Timoteo que le prestara atención (1 Timoteo 4:13)?

   A la lectura pública de la Escritura, la exhortación, y la enseñanza.

Si usted no tiene un plan de lectura diaria, comience con el Evangelio de Marcos o Juan. Leyendo dos capítulos cada día, ¡completará el Nuevo Testamento en 19 semanas!

C. Estúdiela

Cuando el apóstol Pablo partió de Tesalónica, llegó a Berea y compartió el evangelio con los judíos incrédulos. Lo que encontró fue que ellos eran "más nobles que los de Tesalónica, pues recibieron la palabra con toda solicitud, escudriñando diariamente las Escrituras, para ver si estas cosas eran así" (Hechos 17:11).

Actitudes hacia el estudio de la Biblia:

1. Según Hechos 17:11, ¿qué dos rasgos demostraron los bereanos mientras recibían la Palabra de Dios?

   Con ansias, examinando las Escrituras todos los días para ver si estas cosas eran así.

2. ¿Cómo debemos de buscar la sabiduría y el entendimiento? (Proverbios 2:4)?

   Como "plata" y "tesoros escondidos".

El estudio de la Biblia es más que solo leer la Biblia; esto incluye una observación cuidadosa, interpretación y aplicación. El leer le da el panorama general, pero el estudio le ayuda a pensar, aprender, y aplicar lo que lee a su vida.

D. Memorícela

"¿Cómo puede el joven guardar puro su camino? Guardando tu palabra. . . . En mi corazón he atesorado tu palabra, para no pecar contra ti" (Salmo 119:9, 11).

1. ¿Como le ordenó Dios a Israel a recordar Su Palabra?

   a. Deuteronomio 11:18a _____ Grabándola en sus corazones y mentes

   b. Deuteronomio 11:19 _____ Enseñándosela a los niños durante todo el día

2. Lea Mateo 4:4, 7, 10.

   a. Durante las tres confrontaciones con Satanás, ¿qué hizo Jesus para superar Sus tentaciones?

   El citó las Escrituras.

   b. ¿Cómo puede usted aplicar este ejemplo a su propia vida?

   Si el memorizar Escritura era importante para Jesús, es más importante para los cristianos.

3. Escriba el Salmo 40:8 en sus propias palabras.

   El deseo de hacer la voluntad de Dios viene cuando la Palabra está en nuestros corazones.

Es más fácil el memorizar con un propósito. El comprender el significado o la aplicación del pasaje hará más fácil la memorización.

E. Medite en Ella

"¡Cuán bienaventurado es el hombre que no anda en el consejo de los impíos, ni se detiene en el camino de los pecadores, ni se sienta en la silla de los escarnecedores! Sino que en la ley del SEÑOR está su deleite, y en su ley medita de día y de noche! Será como árbol firmemente plantado junto a corrientes de agua, que da su fruto a su tiempo, y su hoja no se marchita; en todo lo que hace, prospera" (Salmo 1:1–3).

La meditación es una reflexión en oración de la Escritura con una vista hacia la comprensión y aplicación. Medite en oración sobre la Palabra de Dios con el objetivo de conformar su vida a Su voluntad.

1. La meditación en la Escritura puede llevarse a cabo mientras usted:

   a. Escucha la Palabra siendo predicada.

   b. Lee la Biblia.

   c. Ora por lo que está estudiando.

   d. Reflexiona en los versículos que usted ha memorizado.

2. ¿Cómo le sirve de ayuda la meditación (Josué 1:8)? _____ Ayuda a los creyentes a cuidar de "hacer _____ todo lo que en él está escrito."

3. ¿Cree usted que la Palabra de Dios puede afectar su hablar y sus acciones? ¿Cómo? (Vea Lucas 6:45.)

   _____ (Las respuestas serán variadas) Hablamos de lo que llena nuestro corazón, así que debemos _____ de llenar nuestros corazones con la Palabra de Dios.

4. Además de ser diligentes en aprender la Palabra de Dios, ¿qué mas podemos hacer para poder entenderla (Salmo 119:73, 125)?

   _____ Necesitamos orar por entendimiento. _____

III. El Proceso del Estudio de la Biblia

A. Paso 1: Preparación

1. ¿Que debemos hacer antes de acercarnos a las Escrituras (1 Pedro 2:1–2)?

   _____ Confesar nuestros pecados _____

2. ¿Que debiera ser el contenido de nuestra oración mientras nos preparamos para estudiar la Palabra de Dios (Colosenses 1:9–10)?

   _____ Orar por sabiduría y entendimiento. _____

Ore antes de empezar cada estudio. Confiese cualquier pecado y pídale al Espíritu Santo, "Abre mis ojos, para que vea las maravillas de tu ley" (Salmo 119:18).

B. Paso 2: Observación

"¿Qué está ocurriendo en el pasaje? ¿Qué veo aquí?"

1. Haga preguntas mientras lee, y escríbalas. ¿Quién? ¿Qué? ¿Dónde? ¿Cuándo?

2. Mientras observa el pasaje, busque por:

   a. Palabras claves

   b. Temas claves (personas, tópicos)

   c. Mandatos (particularmente verbos)

   d. Advertencias

   e. Palabras o frases que se repiten

   f. Comparaciones (cosas que son similares; cosas que son diferentes)

   g. Preguntas, respuestas dadas

   h. Cualquier cosa inusual o inesperada

Nota: Estos son algunos ejemplos de cosas que buscar cuando se observa un pasaje.

Advertencia: ¡Tome su tiempo! ¡No se dé por vencido rápidamente!

C. Paso 3: Interpretación

"Qué significa esto?"

1. La Escritura puede ser clara. ¿A quién nos ha dado Dios para enseñarnos? (1 Juan 2:27)?

   <u>El Espíritu Santo</u>

2. Comience haciendo preguntas interpretativas.

   a. ¿Cuál es la importancia de:

      (1) Una palabra dada (especialmente verbos)?

      (2) Una frase dada?

      (3) Nombres y títulos?

      (4) Fechas?

      (5) Otros?

   b. ¿Cuál es el significado de una palabra en particular?

   c. ¿Por qué dijo el escritor esto?

   d. ¿Cuál es la implicación de esta palabra, frase o nombre?

3. Para encontrar respuestas a sus preguntas interpretativas, utilice:

a. El contexto—los versos antes y después del pasaje que usted está estudiando

b. Las definiciones de las palabras

c. La gramática y la estructura de la oración

d. Otros pasajes de la Escritura

e. Herramientas de estudio de la Biblia, tales como:

   (1) Diccionarios de la Biblia

   (2) Concordancias

   (3) Manuales de la Biblia

   (4) Enciclopedias de la Biblia

   (5) Comentarios bíblicos acerca de la Biblia

4. Mientras interpreta, recuerde:

a. Que toda la Biblia va a estar de acuerdo. Ella no se va a contradecir a ella misma.

b. Dejar que el pasaje hable por si mismo en su contexto. Sea cuidadoso de no llegar a conclusiones que no eran la intención del autor.

Solo hay una interpretación correcta de cualquier versículo en particular de la Escritura—el significado original que el autor intentó comunicar.

D. Paso 4: Aplicación
"¿Qué efecto tendrá esto en mi vida?"

Esta parte del proceso del estudio de la Biblia toma las verdades que han sido observadas y busca incorporarlas a la práctica y a nuestro diario vivir.

---

1. Una vez hayamos oído la Palabra de Dios, ¿cuál debiera ser nuestra respuesta (Santiago 1:22)?

<u>Estamos llamados a ser "Hacedores de la Palabra."</u>

2. Una simple herramienta para ayudarle a aplicar lo que ha aprendido es "ponerse el PPEMP." ¿Hay algún:

Pecado que abandonar?

Promesa que reclamar?

Ejemplo que seguir?

Mandamiento que obedecer?

Piedra de tropiezo que evitar?

Aunque sólo hay una interpretación correcta de cualquier pasaje de la Escritura, hay muchas *aplicaciones*.

E. Paso 5: Repetición

El estudio de la Biblia es un proceso repetitivo. Cuando se estudia la Biblia, los pasos 2, 3, y 4 se usan una y otra vez. *Observe*, luego *interprete*, luego *aplique*. Usted puede elegir hacer esto para cada palabra, frase, o pensamiento.

Mientras más lea el versículo, más profundamente se abrirá su significado para usted.

■ Es necesario estudiar la Escritura para poder ser bendecido. No sé de usted, pero yo prefiero estar feliz que triste. Yo preferiría ser feliz que miserable. Y sé que esta vida está hecha de momentos miserables y de tiempos felices. También sé esto: Mientras más estudio la Palabra de Dios, más feliz soy sin importar cuales son las circunstancias en que me encuentre. La Palabra de Dios me hace feliz.

Eso es realmente práctico. Cuando ve a una persona miserable, lo primero que debiera preguntarle es: Ha estudiado la Biblia hoy? Esta simple pregunta es la respuesta a su problema. Salmo 1:1-2 nos dice, "Cuán bienaventurado es el hombre que no anda en el consejo de los impíos, ni se detiene en el camino de los pecadores, ni se sienta en la silla de los escarnecedores, sino que en la ley del SEÑOR está su deleite, y en su ley medita de día y de noche." Ese es un hombre feliz. Un hombre feliz es alguien que estudia la Biblia.

John MacArthur

IV. Ejercicio de Estudio

"Pero buscad primero su reino y su justicia, y todas estas cosas os serán añadidas." (Mateo 6:33).

Usando Mateo 6:33 y la hoja de trabajo:

1. Haga cuantas observaciones usted pueda, listándolas en la columna de "Observaciones" abajo.

2. Escriba "Preguntas Interpretativas" acerca de sus observaciones.

3. Escriba el significado de su observación en la columna de "Interpretaciones".

4. Una vez haya completado sus observaciones e interpretaciones, llene la sección de "Aplicación".

Nota: Los primeros seis han sido suplidos como ejemplos.

"Pero buscad primero su reino y su justicia, y todas estas cosas os serán añadidas." (Mateo 6:33).

Observaciones	Preguntas Interpretativas	Interpretaciones
1. El verso comienza con la conjunción *pero*.	1. Por qué comienza la oración con *pero*?	1. Este verso está vinculado con los versos previos. Leer Mateo 6:31–32 para el contexto.
2. Palabra clave: *Buscad.*	2. ¿Qué significa? ¿Qué acción requiere la palabra *buscad*?	2. Significa el perseguir o buscar. Es un mandato
3. El verbo *buscad* está en tiempo presente.	3. ¿Qué indica el tiempo presente?	3. Yo debo buscar *ahora*.
4. Notar el uso de la palabra *primero* que sigue a *buscad*.	4. ¿Cuál es la importancia de *primero*?	4. Implica prioridad. Debe buscarse como la prioridad más importante.
5. La próxima palabra es *reino*.	5. ¿Qué significa la palabra *reino*?	5. Es un gobierno soberano o dominio sobre *un reino o* región específica.
6. La palabra *reino* es precedida por el pronombre personal *Su*.	6. ¿El reino de quién se está siendo identificado? ¿A quién se refiere cuando se habla de *Su*?	6. Mirando atrás en el versículo 32, *Su* se refiere al "Padre". Es el reino de Dios.
7.	7.	7.
8.	8.	8.
9.	9.	9.

Observaciones	Preguntas Interpretativas	Interpretaciones
10.	10.	10.
11.	11.	11.
12.	12.	12.

Aplicación

Escriba una aplicación basada en sus observaciones e interpretaciones. (Refiérase a PPEMP en la sección "Paso 4: Aplicación".)

<u>(Las respuestas serán variadas)</u>

_____

_____

_____

_____

V. Aplicación

¿Están siendo las 168 horas en su semana bien invertidas? ¿Debiera usted hacer algunos cambios?

La siguiente tabla le ayudará a analizar sus hábitos de hacer la Biblia suya. Mientras llena los números de horas utilizadas durante la semana, ore por nuevos objetivos.

Tiempo en la Palabra	Mi Programa Presente	Nuevos Objetivos y Planes
Escuchando la Palabra		
Leyendo la Palabra		
Estudiando la Palabra		
Memorizando la Palabra		

■ Es necesario también el estudiar la Palabra para poder ayudar a otros. Usted no puede realmente ayudar a nadie a menos que usted sepa algo que ellos debieran de saber. Dios nunca pone una prima sobre la ignorancia. Su ignorancia no solo lo incapacita para ayudarse a si mismo, pero también lo incapacita para ayudar a otros. Y la mayor parte del cristianismo es el ayudar a otros, ¿no es así? ¿Cómo puede usted mejor ayudar a alguien en problemas? Al enseñarles la solución de Dios para sus problemas. ¿Cómo puede usted solucionar el problema de esa persona? Sabiendo lo que la Biblia dice acerca de su problema y cómo manejarlo.

Así que usted puede ayudar a otros cuando usted conoce la Palabra de Dios. Por ejemplo en 2 Timoteo 2:2 nos dice que nosotros debemos de enseñar a hombres fieles para que ellos también les enseñen a otros.

John MacArthur

CÓMO CONOCER LA BIBLIA

Los Objetivos de la Lección 2

1. El motivar al estudiante a leer y estudiar la Biblia.

2. Enseñar al estudiante habilidades básicas de estudio de la Biblia.

El Plan de Clase para la Lección 2

1. Hablar sobre cinco razones irresistibles para conocer la Palabra de Dios: crecimiento, vencer el pecado, prepararse para el servicio, ser bendecido, y ayudar a otros.

2. Repasar el proceso de estudio de la Biblia.

3. Repasar un ejercicio práctico del estudio de la Biblia.

Preguntas Comunes para la Lección 2

¿Cómo estudio mi Biblia en vez de sólo leerla?

¿Por qué es la Biblia a veces difícil de entender, aun para los cristianos?

Esquema de Enseñanza Sugerido para la Lección 2

1. Calentamiento

Brevemente discuta el versículo para memorizar de la lección. Pregunte por definiciones de "diligencia" y "precisión." El utilizar la Palabra de Dios de una forma precisa no es una tarea fácil; requiere trabajo, pero fue ordenado por Dios. El manejar la Escritura de una forma precisa significa el "llegar al punto", encontrando el significado verdadero.

2. ¿Por qué conocer la Biblia (sección I)?

A. Cinco formas de conocer la Biblia

Hable sobre las cinco formas de conocer la Biblia listadas en la primera página de la lección. Utilizar este gráfico como un punto de partida en la lección ya que usted cubrirá cada una de las cinco áreas.

B. ¿Por qué estudiar la Biblia?

Discuta las respuestas de los estudiantes acerca de las razones para conocer la Palabra de Dios en la sección I.

Suplemente esta discusión con lo siguiente:

♦ Para uno prepararse para el servicio (1 Pedro 3:15; 1 Timoteo 4:6).

♦ Para santificar nuestras vidas (Juan 17:17; 1 Pedro 1:14–19).

♦ Es la voluntad de Dios que nosotros permanezcamos en la Palabra y la obedezcamos (Josué 1:8; Colosenses 3:16).

♦ El entender las Escrituras ayuda a los cristianos a conocer a Dios más profundamente (Juan 5:39; Proverbios 2:1, 5; 1 Juan 2:14).

Pregunte, *¿Qué queremos decir cuando describimos la Biblia como "suficiente"?*

3. Cómo conocer la Biblia (sección II)

A. Escúchela

Tome tiempo para enfatizar la necesidad de los estudiantes de asistir a una iglesia que predique la Biblia y que enfatice la lectura pública de la Palabra de Dios (1 Timoteo 4:13) y la prédica de la Escritura (2 Timoteo 4:1–2), no simplemente predicando las opiniones de un hombre o las tendencias culturales. También es importante que las personas oigan la Palabra ser predicada regularmente. Hable a los estudiantes sobre los programas de radio y sermones disponibles en línea que los puedan ayudar en su búsqueda de Cristo.

B. Léala / Estúdiela

Discuta las traducciones particulares de Biblia que ellos están usando. Cuando se lee, a veces es útil el tener más de una traducción disponible. Pero aliéntelos a cuidadosamente escoger una Biblia en particular con la cual se puedan familiarizar a través del estudio.

Exhorte a sus estudiantes a tener un horario de lectura. Nosotros recomendamos leer un libro todos los días por un mes. Por ejemplo, para su tiempo devocional, lea Efesios todos los días por un mes, luego pase a leer otro libro. Para libros más largos, lea 10 capítulos todos los días por un mes. De esta manera los estudiantes comenzarán a entender la intención y el tren de pensamiento del autor. También ayuda a los estudiantes a retener más.

C. Memorícela

Pregunte, *¿Por qué es el memorizar la Palabra de Dios tan importante?*

Vincule esto con sus respuestas en la sección II, D, 2–3.

Pregúntele a la clase si a ellos les gustaría compartir el mensaje del evangelio con otros. Si es así, ¿qué necesitan saber? Respuesta: versículos claves del evangelio, ¡memorizados!

D. Medite en ella

Lea Salmo 1:1–3 y Josué 1:8 (señalado en la lección) y las razones para la meditación. Luego pregúntele a la clase: *¿Qué significa el meditar en la Escritura?*

Respuesta: Ponderar; el pensar por medio de oración con el objetivo de una mayor comprensión y aplicación.

Nota: Meditación no es el tratar de vaciar su mente de todo pensamiento consciente. Las personas que han sido expuestas al pensamiento religioso oriental están generalmente confundidas acerca de la naturaleza de la meditación bíblica. Las religiones orientales incitan a sus seguidores a meditar sobre el vacío o la nada, mientras que la meditación bíblica es definitivamente sobre un contenido—la Palabra de Dios. Estamos masticando y digiriendo la Palabra de Dios. La persona bienaventurada en Salmo 1:2 medita en la ley de Dios día y noche. La meditación bíblica no es el vaciar nuestras mentes, sino la reflexión a través de la oración sobre la Escritura en búsqueda de entendimiento y aplicación. Es darle un pensamiento de oración a la Palabra de Dios con el objetivo de conformar nuestras vidas a la voluntad de Dios.

Hágalo: Guíe a la clase a meditar en Romanos 10:9. Haga esto haciendo que cada estudiante lea el versículo, un estudiante detrás del otro, cada estudiante enfatizando la próxima palabra en el versículo. ¡Luego de que el versículo haya sido leído 26 veces, ellos habrán reflexionado sobre el versículo y el evangelio!

4. El proceso del estudio de la Biblia (sección III)

Existen reglas formales de cómo estudiar la Biblia, así como existen reglas para el estudio de cualquier tema serio. El nombre para estas reglas es "hermenéutica." El objetivo de la hermenéutica es permitir que el texto hable en vez de "leer en el texto" lo que pensamos o sentimos. La hermenéutica considera la naturaleza histórica, gramatical, y cultural y el contexto del pasaje bajo estudio con el propósito de entender lo que los escritores originales quisieron decir.

Paso 1: Preparación

Repase la sección III, A, en la lección. Enfatice la necesidad de confesar sus pecados en oración antes de acercarse a la Palabra de Dios. Usted puede suplementar el verso de la lección con Santiago 1:21. Pídale a un estudiante que lea el versículo y luego pregunte, *¿Cómo debemos de acercarnos a la Palabra de Dios?* Respuesta: En pureza y humildad.

También hable sobre la necesidad de orar por entendimiento como lo mencionamos en la sección III, A, 2, de la lección.

Paso 2: Observación

Basado en la información en la lección, pregúntele a la clase qué es la observación. Luego enfatice la necesidad de hacer preguntas de observación en el pasaje que se está estudiando.

♦ Si usted puede motivar a sus estudiantes a simplemente escribir preguntas sobre lo que están estudiando y luego encontrar las respuestas, usted les ha dado a la mayoría de ellos una herramienta poderosa para usar en su estudio de la Biblia.

♦ Vaya a través de la lista, como fue dada en la lección, de cosas por buscar en el pasaje dado. Enfatícele a la clase que el estudio de la Biblia ¡comienza haciendo preguntas y luego involucra buscando las respuestas!

Paso 3: Interpretación

Repase la información dada en la lección.

Pregunte, *¿Cómo puede ayudarle en la interpretación del versículo el encontrar otros pasajes en la Biblia que hablen sobre el mismo tema que el pasaje que se está estudiando?*

Pregunte, *¿Por qué siempre han dicho los creyentes que el mejor comentario acerca de la Biblia es la Biblia misma?*

Herramientas para el estudio de la Biblia: Para ayudar a sus estudiantes a encontrar las respuestas a sus preguntas sobre sus observaciones e interpretaciones, use algunas de las herramientas para el estudio de la Biblia. Permítales ver y tocar un comentario, un manual de la Biblia, una enciclopedia de la Biblia, etc.

Pregunta común: "¿Por qué es la Biblia difícil de entender, aun para los cristianos?"

Respuestas sugeridas: Una posibilidad puede ser el pecado en la vida de esa persona. El pecado puede cegar a alguien a la verdad de un pasaje porque ellos no quieren someter sus vidas a ello. Otra posibilidad, y esta puede ser más probable, es que la persona no es lo suficientemente madura en la fe para entender el pasaje. La Escritura misma habla de algunas verdades que son elementales y otras que son para santos más maduros (Hebreos 6:1). Pedro mismo mencionó que algunas de las cartas de Pablo eran difíciles de entender (2 Pedro 3:15–16). Finalmente, porque Dios es infinito y Su Palabra revela Su carácter, puede que haya verdades que son demasiada profundas para entender en esta vida. Por ejemplo, la tensión entre la soberanía de Dios y la responsabilidad del hombre, o entre la deidad y la humanidad de Cristo.

Paso 4: Aplicación

Pregunte, *¿Qué significa el equiparse del PPEMP como parte del estudio de la Biblia? ¿Cómo debe el estudio de la Palabra de Dios afectar la manera en que vemos nuestras vidas?*

Paso 5: Repetición

Enséñeles que el estudiar un versículo es un proceso repetitivo. Un vistazo a un pasaje—observando, interpretando, y aplicando—no es suficiente. Este proceso necesita ser repetido, una y otra vez, hasta que el significado más profundo del pasaje le sea abierto a usted.

5. Ejercicio de estudio (sección IV)

Pídale a la clase que comparta sus diferentes observaciones, preguntas interpretativas, e interpretaciones que ellos notaron del versículo. Cada vez, pídale al resto del grupo si otros vieron ese punto. Asegúrese de que las observaciones que se hicieron están realmente en el pasaje y no que se le asignaron al versículo.

Pídale al grupo que compartan sus aplicaciones escritas del ejercicio. Especifique que mientras que la interpretación del pasaje debe ser uniforme, puede haber muchas aplicaciones personales y generales de la verdad en un pasaje.

6. Aplicación (sección V)

El llenar un gráfico como este ciertamente puede ser revelador acerca de prioridades personales. Este gráfico funciona como un compañero a quien darle cuentas. Provéales a los miembros de los grupos una oportunidad de compartir como ellos planean cambiar sus hábitos de estudio de la Biblia como resultado de esta lección.

DIOS: SU CARÁCTER Y ATRIBUTOS

Prepárese para su Asignación

1. Descargue el mensaje #3, "Dios: ¿Cómo es Él?" de www.moodyurban.com/fdlf.

2. Use su cuaderno para tomar notas del mensaje.

3. Trabaje a través de las preguntas y tareas en las siguientes páginas.

Memorice 1 Crónicas 29:11

Tuya es, oh SEÑOR, la grandeza y el poder y la gloria y la victoria y la majestad, en verdad, todo lo que hay en los cielos y en la tierra; tuyo es el dominio, oh SEÑOR, y tú te exaltas como soberano sobre todo.

■ Sumérjase en el mar más profundo de Dios; piérdase en Su inmensidad; y usted saldrá de allí como de un lugar de descanso refrescado y vigorizado. No conozco nada que pueda confortar tanto el alma, calmar de tal manera las hinchadas olas de tristeza y dolor; mas hablar paz a los vientos de prueba, como la devota meditación sobre el tema de Dios.

C. H. Spurgeon, 7 de enero, 1855

I. Introducción

En las religiones del mundo de hoy, hay muchos supuestos dioses y muchas opiniones acerca de como es Dios (o dios). La Biblia, al contrario, reclama ser la revelación del Dios verdadero. La Biblia nunca trata de probar que Dios existe; ella simplemente afirma, "En el principio Dios…" (Génesis 1:1).

A. ¿Cómo describe a Dios el Salmo 89:7–8?

Dios es de ser temido; Él es poderoso y grande.

B. ¿Qué declaración se hace para apuntar al hecho de que solo hay un Dios (Isaías 43:10)?

"Antes de mí no fue formado otro dios,

ni después de mí lo habrá."

C. ¿Qué es lo que Dios no dará a otro (Isaías 42:8)?

Su gloria o Su alabanza.

II. La Importancia de Conocer a Dios

A. ¿Con qué igualó Jesús el conocer a Dios (Juan 17:3)?

Vida eterna

B. En vez de jactarse en sabiduría, poder, o riquezas, ¿en qué es lo único que Dios dice que el hombre debiera de jactarse (Jeremías 9:24)?

"De que me entiende y me conoce (Dios)."

Un concepto correcto de Dios es básico no solamente para la teología sistemática sino así también para la vida práctica del cristiano. . . .

Creo que no hay un error en doctrina o un fracaso en la aplicación de la ética cristiana que no pueda ser basada finalmente en pensamientos imperfectos e innobles acerca de Dios.[1] —A. W. Tozer

III. ¿Cómo Puede Alguien Conocer a Dios?

A. ¿Qué dice Jesús acerca de los medios para conocer a Dios (Juan 14:9-10)?

"Jesús le dijo: Tanto tiempo he estado con vosotros, y todavía no me conoces, Felipe?

El que me ha visto a mí, ha visto al Padre; ¿cómo dices tú: "Muéstranos al Padre"?

No crees que yo estoy en el Padre, y el Padre en mí?"

B. ¿Qué dice Pablo acerca de Cristo en Colosenses 2:9?

"Porque toda la plenitud de la Deidad reside corporalmente en El".

C. El escritor de Hebreos dice que Dios nos ha hablado a través de Su Hijo. ¿Cómo se describe a Cristo (Hebreos 1:3)?

"El es el resplandor de su gloria y la expresión exacta de su naturaleza, y sostiene todas las cosas por la palabra de su poder."

IV. Los Atributos de Dios

A. ¿Qué son atributos?

Un atributo es una cualidad o característica verdadera de una persona. El estudiar los atributos de Dios nos permite tener un entendimiento limitado de Su persona. Aunque algunos conceptos exceden los límites de nuestra comprensión, nuestras ideas concernientes a Dios deben ser lo más verdadero posible.

El Padre, Hijo y Espíritu Santo
Santidad
Rectitud y Justicia
Soberanía
Eternidad
Inmutabilidad
Omnisciencia
Omnipresencia
Omnipotencia
Amor
Verdad
Misericordia
Nota: Estos son sólo algunos de los atributos de Dios.

---

[1] Cita de *El Conocimiento del Santo* por A.W. Tozer, © 1961 por Aidan Wilson Tozer. Usado con permiso de Harper Collins Publishers Inc.

B. Los atributos de Dios definidos

Primero, busque los siguientes versículos, luego escriba la parte del versículo que mejor describe el atributo dado.

Segundo, en la sección de Aplicación Personal, escriba cómo este atributo se le aplica personalmente a usted basado en su entendimiento del atributo.

1. Santidad

El atributo de la santidad de Dios significa que Él no es tocado ni manchado por el mal en el mundo. Él es absolutamente puro y perfecto.

a. Éxodo 15:11 _____ "Quién como tú, majestuoso en santidad" _____

_____

b. Salmo 99:9 _____ "Postraos ante Su santo monte, porque santo es el SEÑOR nuestro Dios." _____

_____

Porque Dios es santo, nosotros somos exhortados a ser santos (1 Pedro 1:16). Nosotros debemos de ser apartados del pecado para Dios. Debemos de ser apartados del pecado hacia Dios. Nuestras vidas deben brillar como un reflejo de Dios en un mundo injusto.

Aplicación Personal: _____ (Las respuestas serán variadas) _____

_____

_____

_____

2. Rectitud y Justicia

Rectitud y *justicia* son derivados de la misma palabra raíz en el lenguaje original del Nuevo Testamento. El significado es ser recto y justo.

Rectitud se refiere a la perfecta armonía entre la naturaleza de Dios y Sus hechos. Justicia es la forma en que Dios legisla Su rectitud. No hay acción que Dios tome con relación al hombre que viole ningún código de moralidad o justicia.

No hay ley por **encima** de Dios, pero hay una ley en Dios.[2]

[2] Cita de *la Enciclopedia Pictórica Zondervan de la Biblia*, Volumen 5, ed. Merrill C. Tenney, © 1975, 1976 por The Zondervan Corporation. Usado con permiso.

a. De acuerdo al Salmo 119:137, la rectitud de Dios se despliega en Sus _____ juicios _____

b. En el Salmo 89:14, la rectitud y la justicia son referidos como _____ el fundamento de Tu trono. ____

_____

¿Cómo se compara *su estándar* de lo que es recto y justo con el *estándar de Dios*?

Aplicación Personal: _____ (Las respuestas serán variadas) _____

_____

_____

_____

_____

_____

3. Soberanía

La palabra *soberano* significa principal o mayor, supremo en poder, o superior en posición a cualquier otro.

a. Isaías 46:9–10 ___ "Yo soy Dios, y no hay otro; yo soy Dios, y no hay ninguno como yo. Que declaro ___

_____ el fin desde el principio y desde la antigüedad lo que no ha sido hecho. Yo digo: _____

_____ "Mi propósito será establecido, y todo lo que quiero realizaré." _____

b. Isaías 45:23 ___ "Por mí mismo he jurado, ha salido de mi boca en justicia una palabra que no será ___

_____ revocada: Que ante mí se doblará toda rodilla, y toda lengua jurará lealtad." _____

La idea de la soberanía es alentadora, ya que asegura que nada está fuera del control de Dios y que sus planes no pueden ser frustrados (Romanos 8:28).

Aplicación Personal: _____ (Las respuestas serán variadas) _____

_____

_____

_____

_____

_____

4. Eternidad

Puesto que Dios es eterno, nunca ha habido un tiempo en que Él no existía. Él no tuvo principio y nunca tendrá fin.

a. Isaías 44:6 _____ "Yo soy el primero y yo soy el último, y fuera de mí no hay Dios."

_____

b. Isaías 43:13 _____ "Aun desde la eternidad, Yo Soy,"

_____

Siendo eterno, Dios no está limitado por el tiempo. Habiendo existido siempre, Él mira el pasado y el futuro tan claro como ve el presente. Con esa perspectiva, Él tiene un conocimiento perfecto de lo que es mejor para nuestras vidas. Por lo tanto, debemos confiar en Él en todas las áreas de nuestras vidas.

Aplicación Personal: _____ (Las respuestas serán variadas)

_____

_____

_____

5. Inmutabilidad

Dios nunca cambia su naturaleza o propósito.

a. Malaquías 3:6 _____ " Porque yo, el SEÑOR, no cambio."

_____

b. Hebreos 6:17–18 _____ " la inmutabilidad de su propósito; es imposible que Dios mienta."

_____

La Biblia contiene numerosas promesas para aquellos que pertenecen a El. Él puede ser confiado para mantener Su Palabra.

Aplicación Personal: _____ (Las respuestas serán variadas)

_____

_____

_____

_____

6. Omnisciencia

Dios sabe todas las cosas presentes y futuras. Nada lo toma por sorpresa.

a. Job 34:21 _____ "Porque sus ojos observan los caminos del hombre, y El ve todos sus pasos."

b. Salmo 139:1–6 _____ "Oh SEÑOR, tú me has escudriñado y conocido. Tú conoces mi sentarme y mi levantarme; desde lejos comprendes mis pensamientos. Tú escudriñas mi senda y mi descanso, y conoces bien todos mis caminos. Aun antes de que haya palabra en mi boca, he aquí, oh SEÑOR, tú ya la sabes toda. Por detrás y por delante me has cercado, y tu mano pusiste sobre mí. Tal conocimiento es demasiado maravilloso para mí; es muy elevado, no lo puedo alcanzar."

Puesto que Dios es omnisciente, Él conocía nuestros pecados (pasados, presentes y futuros) al tiempo de nuestra salvación. Sin embargo, Él nos perdono y nos recibió en Su familia para siempre. ¿Qué dice eso acerca de la seguridad de nuestra salvación?

Aplicación Personal: _____ (Las respuestas serán variadas) _____

■ En un momento en mi vida pensaba sobre la omnisciencia con todo menos con confianza. Cuando era un niño pequeño mis padres me decían, "Puede que no sepamos lo que tú haces, pero Dios ve todo." ¿Se acuerda de esa belleza? Yo solía entender eso. Él sabe todo.

Como resultado, yo solía pensar que la doctrina de la omnisciencia era realmente un fastidio. Qué problema. Dios me conocía en maneras que yo no quería ser conocido.

Luego estudié Juan 21 y crecí un poco mas. Y recordé la conversación de Pedro con Jesús en los días cerca del lago luego de que Pedro firmemente negó el conocerle. Pedro siguió tratando de convencer al Señor de que él lo amaba. ¿Lo recuerda? "Señor, te lo estoy diciendo, te amo." Y el Señor le siguió preguntando y preguntando… Finalmente, Pedro dijo, "Señor, mira, Tú sabes todas las cosas, Tú sabes que yo te amo."

¿A qué el apelo? ¿Qué doctrina de Dios? ¿Qué atributo? La omnisciencia—la omnisciencia es una gran cosa. No es tanto como que Dios mira abajo y te espía; eso es solo mitad de la verdad. ¿Sabe usted que si no fuera por Su omnisciencia hay días en que Dios no sabría que usted lo ama porque no es obvio? Y si Él no lo supiera todo, Él no sabría que a usted le importa. Yo supongo que en mi vida hay muchos días en que yo no me distingo de la vida de una persona del mundo. ¿Está usted de acuerdo en que esto también pasa en su vida? ¿Cómo sabe Él que a mí me importa? Él tiene que saber mucho. Él tiene que saber todo. Él tiene que saber mi corazón. O, eso me da confianza aun cuando yo fallo y estropeo todo. Mi amor está asegurado porque Él conoce mi corazón.

John MacArthur

7. Omnipresencia

Dios está presente en todo lugar en el universo.

a. Proverbios 15:3 ___"En todo lugar están los ojos del SEÑOR, observando a los malos y a los buenos."___

b. Salmo 139:7–12 ___"¿Adónde me iré de tu Espíritu, o adónde huiré de tu presencia? Si subo a los___

___cielos, he aquí, allí estás tú; si en el Seol preparo mi lecho, allí estás tú. Si tomo las alas del alba,___

___y si habito en lo más remoto del mar, aun allí me guiará tu mano, y me asirá tu diestra."___

Como Dios está en todo lugar, es tonto pensar que podemos escondernos de Dios. Esto también significa que el creyente puede experimentar la presencia de Dios en todo momento y conocer las bendiciones de caminar con Él.

Aplicación Personal: ___(Las respuestas serán variadas)___

_____

_____

_____

8. Omnipotencia

Dios es todopoderoso, teniendo más fuerza de la necesaria para hacer lo que sea.

a. Jeremías 32:17 ___"¡Ah, Señor DIOS! He aquí, tú hiciste los cielos y la tierra con___

___tu gran poder y con tu brazo extendido; nada es imposible para ti."___

b. Apocalipsis 19:6 ___"Porque el Señor nuestro Dios Todopoderoso reina."___

La omnipotencia de Dios se ve en:

- Su poder de crear (Génesis 1:1)

- Su preservación de todas las cosas (Hebreos 1:3)

- Su cuidado providencial para con nosotros (Salmo 37:23–24)

"No temas, porque yo estoy contigo; no te desalientes, porque yo soy tu Dios. Te fortaleceré, ciertamente te ayudaré, sí, te sostendré con la diestra de mi justicia." (Isaías 41:10). ¿Qué puede usted aprender sobre la omnipotencia de Dios en Isaías 41:10?

Aplicación Personal: ___(Las respuestas serán variadas)___

_____

_____

9. Amor

Dios es amor. Su amor es incondicional; no se basa en la simpatía o el mérito del objeto.

a. Juan 3:16 _____ "Porque de tal manera amó Dios al mundo, que dio a su Hijo unigénito, _____ para que todo aquel que cree en El, no se pierda, mas tenga vida eterna."

b. Romanos 5:8 ____ "Pero Dios demuestra su amor para con nosotros, en que siendo aún pecadores, _____ Cristo murió por nosotros."

El amor se expresa en la acción. Dios es nuestro ejemplo. El demostró Su amor para nosotros al enviar a Jesús a morir en nuestro lugar (2 Corintios 5:21).

Aplicación Personal: _____ (Las respuestas serán variadas) _____

_____

_____

_____

10. Verdad

Dios es el único Dios verdadero.

a. Salmo 31:5 _____ "Oh SEÑOR, Dios de verdad." _____

_____

b. Salmo 117:2 _____ "la verdad del SEÑOR es eterna." _____

_____

La verdad de Dios está por encima de todo. Él es verdadero aunque todos los hombres fueran hallados mentirosos. Por lo tanto, Sus palabras y Sus juicios siempre prevalecen (Romanos 3:4). A la luz de esto, ¿cómo debiera usted ver la Palabra de Dios y las verdades que contiene?

Aplicación Personal: _____ (Las respuestas serán variadas) _____

_____

_____

_____

11. Misericordia

La gran misericordia de Dios es la expresión práctica de Su compasión para aquellos que se han opuesto a Su voluntad.

a. Salmo 145:8–9 _"Clemente y compasivo es el SEÑOR, lento para la ira y grande en misericordia._

El SEÑOR es bueno para con todos, y su compasión, sobre todas sus obras."

b. Salmo 130:3–4 _"SEÑOR, si tú tuvieras en cuenta las iniquidades, quién, oh Señor, podría_

permanecer? Pero en ti hay perdón, para que seas temido."

La gran misericordia de Dios es contrastada contra el pecado del hombre. Su misericordia se despliega en nuestra salvación (Efesios 2:4–5).

Aplicación Personal: _____ (Las respuestas serán variadas) _____

_____

_____

_____

V. Aplicación

En vista de los atributos de Dios discutidos en esta lección, conteste las siguientes preguntas.

A. ¿Cómo serán afectadas sus oraciones? _____ (Las respuestas serán variadas)

_____

_____

B. ¿Cómo responderá usted a grandes tribulaciones en su vida?, tales como:

1. ¿La muerte de un familiar cercano (cónyuge, hijo)?

_____ (Las respuestas serán variadas) _____

_____

_____

2. ¿Un accidente que lo deje físicamente discapacitado?

_____ (Las respuestas serán variadas) _____

_____

_____

DIOS: SU CARÁCTER Y ATRIBUTOS

El Objetivo de la Lección 3

1. El proveer a los estudiantes un entendimiento más profundo de los atributos de Dios para que ellos puedan darle a Dios una adoración más verdadera y honrosa.

2. El darle al estudiante una breve ojeada de la infinita majestad y gloria de Dios.

Plan de Clase para la Lección 3

1. Información general sobre la persona de Dios.

2. Repaso sobre los atributos de Dios.

Preguntas Comunes de la Lección 3

¿Si Dios es todopoderoso y es amor, por qué hay sufrimiento en el mundo?

¿Si Dios es soberano, por qué Él no previene que algunas personas vayan al infierno?

Esquema de Enseñanza Sugerido para la Lección 3

1. Calentamiento

Dele la bienvenida a todos y dure unos minutos repasando los versículos a memorizar de las primeras dos lecciones. Recuérdeles a todos que las lecciones 1 y 2 se enfocan en la Biblia como la revelación de Dios. Esta lección se enfocará en el carácter de Dios como ha sido revelado en Su Palabra.

2. Introducción (sección I)

Introduzca la lección pidiéndole a un estudiante que lea el primer párrafo de la lección. Comience por el pasaje de Génesis 1:1 y hable sobre la auto-existencia de Dios.

A. La Auto-existencia de Dios

♦ La existencia de Dios es asumida—Génesis 1:1

♦ El significado de su título YO SOY implica auto-existencia—Éxodo 3:14

♦ Dios ha existido desde la eternidad—Isaías 43:13

Ahora haga las siguientes preguntas, *¿Por qué cuestionan los hombres la existencia de Dios? Y ¿cómo se ha revelado Dios a Sí mismo al hombre?*

Repase Romanos 1:18–22; 2:14–16, y hable de:

♦ ¿Cómo Dios se ha hecho evidente dentro de los hombres?—Romanos 1:19

♦ ¿Cómo Dios puede ser visto en Su creación?—Romanos 1:20 (también Salmo 19:1)

♦ ¿Cómo Dios se ha revelado a Sí mismo a los hombres a través de sus consciencias?—Romanos 2:15

Pregúntele a la clase, *¿Cuál es el resultado cuando los hombres ignoran el poder creativo de Dios, ignoran sus conciencias, y se apartan de Dios?* Respuesta: Romanos 1:21–22—sus corazones necios son entenebrecidos y ellos se vuelven necios. (También ver el Salmo 14:1.)

B. Sólo hay un Dios

Pregúnteles a los estudiantes por sus respuestas para I, B, en la lección. Aproveche estas respuestas para hablar sobre el hecho de que sólo hay un Dios. Puede suplementar esto con Isaías 45:22 y 44:6–8.

Nota sobre la Trinidad: Una vez haya establecido que sólo hay un Dios, es interesante el notar que Dios se refiere a Sí mismo en el plural. Note Génesis 1:26a y Génesis 3:22. Dios se refiere a Sí mismo como "Nosotros" y "Nuestro." Esto le permite introducir la Trinidad. Dígales a los estudiantes que la Trinidad será desarrollada más adelante luego de que estudiemos la lección sobre Jesucristo (lección #4) y la lección sobre el Espíritu Santo (lección #7). Veremos que el Padre, el Hijo (Jesucristo), y el Espíritu Santo todos se declaran ser Dios, y más aun, cada uno es una persona diferente.

C. Información general sobre Dios

Esta información no es mencionada en la lección; no obstante, usted la puede usar para suplementar la lección:

- ◆ El Padre está en los cielos—Mateo 6:9; 16:17

- ◆ Cristo está en el cielo a la mano derecha del Padre—Hebreos 10:12

- ◆ El Espíritu Santo está ministrando dentro de los creyentes—Romanos 8:11; 1 Corintios 3:16; Juan 14:26

- ◆ Dios es un espíritu invisible—Juan 4:24; Colosenses 1:15

- ◆ La gloria de Dios puede ser vista—Éxodo 24:16–17

3. Conociendo a Dios (secciones II y III)

A. ¿Podemos conocer a Dios?

Pregúntele a la clase, *¿Podemos conocer a Dios?*

Respuesta: Pídale a alguien que lea su respuesta en II, B (Jeremías 9:24).

Use esta respuesta para entrar a la próxima discusión sobre la profundidad de Dios:

- ◆ Dios es incomprensible—Romanos 11:33–34

- ◆ Dios no tiene límites—Job 11:7

- ◆ Dios sólo puede ser percibido divinamente:

  - • A través del Espíritu Santo—1 Corintios 2:9–16

  - • A través de Cristo—Mateo 11:27

Ahora vuelva a la lección y pídale a alguien que lea Juan 14:9–10 (III, A), y diga la respuesta que escribió. Luego pregunte: *¿Por qué el conocer a Cristo se iguala a conocer a Dios?* Respuesta: Porque Cristo es Dios. Como dice Colosenses, "Porque toda la plenitud de la Deidad reside corporalmente en

Él." Repase III, B y III, C y discuta esta verdad.

Menciónele a la clase que la deidad de Cristo se verá más adelante más profundamente cuando estudiemos la persona de Cristo en la lección #4.

Luego pregunte, *¿Cuál es la diferencia entre el conocer a Dios y el conocer acerca de Dios?*

■ ¿Cómo es que podemos conocerle? ¿Cómo podemos conocer a Dios? Bueno, usted sabe, el profeta dijo, " Me buscaréis y me encontraréis, cuando me busquéis de todo corazón," no? Salomón dio información muy sabia en Proverbios 2:3-5. Él dijo, " Porque si clamas a la inteligencia, y alzas tu voz al entendimiento, si la buscas como a plata, y la procuras como a tesoros escondidos, entonces entenderás el temor del SEÑOR, y descubrirás el conocimiento de Dios." Salomón dijo que sólo hay una manera de realmente conocer a Dios y de conocer todo lo que ha sido revelado acerca de Dios y esa manera es hacer de eso la búsqueda y propósito de su vida. Si usted está buscando dinero, si está buscando el éxito, si está buscando alguna otra cosa, usted no descubrirá todo lo que hay por saber acerca de Dios. Pero, él dice: " Si la buscas como a plata, y la procuras como a tesoros escondidos, entonces entenderás el temor del SEÑOR, y descubrirás el conocimiento de Dios."

John MacArthur

Punto: Dios quiere que lo conozcamos. Dios quiere que lo busquemos. Y por eso es que tomamos el tiempo para estudiar Su Palabra—para que podamos conocerle mejor.

B. Conociendo a Dios prácticamente

♦ Ponga su mirada y sus deseos en buscar a Dios—Salmo 27:8

♦ Llene su mente con Su palabra y obedézcala—Juan 14:21

♦ Aprenda a temer a Dios; este es el principio de la sabiduría—Proverbios 9:10

Discuta el temor de Dios. El temor de Dios debe incluir aspectos prácticos tales como la obediencia a los mandamientos de Dios, cayendo delante de Dios en toda humildad, y orando. Pregunte, *¿Cómo impide el temer a Dios que el conocer a Dios se convierta en solo una relación casual?*

Transición: El conocer a Dios también incluye el conocer los atributos de Dios o Sus características. Eso es lo que estaremos discutiendo en la porción final de esta lección.

El peor acto cometido en el universo es el de no darle honor a Dios, ni gloria. Por encima de todo lo demás, Dios debe ser glorificado.

El glorificar a Dios es el exaltarle, el reconocerle como supremamente digno de honor, y el reconocer Sus atributos divinos. **Como la gloria de Dios es también la suma de todos los atributos de Su persona,** de todo lo que Él ha revelado de Sí mismo al hombre, el darle gloria a Dios es el reconocer Su gloria y exaltarla.[1]

John MacArthur

[1] Cita de la serie: *Romanos* 1–8 (Moody) del Comentario del Nuevo Testamento MacArthur, © 1999 por John MacArthur.

4. Los Atributos de Dios (sección IV)

A. Atributos de la Deidad

Discuta la manera especial en que los atributos de Dios son diferentes que los de nosotros. Por ejemplo, algunos de los atributos de Dios nosotros no podemos poseerlos, tales como:

- ◆ Eternidad—Sin principio ni fin

- ◆ Omnipotencia—Dios es todopoderoso

- ◆ Soberanía—Dios es lo principal o altísimo; supremo

- ◆ Omnisciencia—Dios lo sabe todo

- ◆ Omnipresencia—Dios está presente en todo lugar

No obstante, podemos poseer algunos de los atributos de Dios, pero no a la perfección que Dios los posee, tales como:

- ◆ Santidad

- ◆ Rectitud y justicia

- ◆ Amor

B. La armonía de los atributos de Dios

También note como todos los atributos de Dios trabajan juntos en perfecta armonía. Por ejemplo, Dios es amor pero Dios es también justo. Pregúntele a la clase, ¿Cómo se armonizan juntos el amor de Dios y la justicia de Dios?

Respuesta:

- ◆ Dios es amor y desea que nadie se pierda; así que dio a Su Hijo para que muriera en nuestro lugar.

- ◆ Dios es justo y juzgará al hombre por su pecado y por su rechazo de Cristo.

Preguntas retóricas: *¿Sería nuestra sociedad justa si no castigáramos a un asesino? ¿Sería Dios justo si Él no castigara a los pecadores?*

Punto: Tiene que haber armonía entre los atributos de Dios.

Transición: *Miremos algunos de los atributos de Dios, y mientras lo hacemos, detengámonos en las aplicaciones de los atributos en nuestras vidas. Primero, miremos la santidad de Dios.*

C. Mirando algunos de los atributos de Dios

Mientras se repasan los atributos de Dios:

1. Por cada Escritura listada en la lección para el atributo dado, pídale a un estudiante que lea lo que escribió como la parte clave del versículo que mejor describe el atributo.

2. Luego de una breve definición del atributo.

3. Deténgase y discuta la aplicación del atributo en nuestras vidas. Esto se volverá en un tiempo de alabanza y adoración a Dios.

Note por cada uno de los atributos ábajo:

♦ Se incluirán versículos para suplementar los ya incluidos en la lección, para ser usados como desee.

♦ Se le darán respuestas de aplicaciones—para ayudar a comenzar la discusión en la clase (usted quiere que los estudiantes den sus respuestas de las aplicaciones). Sólo use las que están aquí abajo para suplementar la discusión).

1. La Santidad de Dios

Dios es absolutamente puro y perfecto. Cabe señalar que la santidad es el atributo más repetido en la Escritura.

Versículos suplementales:

- Apocalipsis 4:8—Santo, Santo, Santo—énfasis (¿Trinidad?)

- Salmo 89:35—Dios jura por su Santidad

Preguntas de aplicación:

- Cuando usted reflexiona sobre la santidad de Dios, ¿cuál es su respuesta?

- ¿Cómo le afecta prácticamente la santidad de Dios?

- ¿Cómo afecta la santidad de Dios su adoración a Dios?

Respuestas de aplicación:

- Miedo sobre mi pecado

- Indignidad

- La necesidad de un salvador

- Me mueve a alabarle por Su santidad majestuosa

2. La Rectitud y Justicia de Dios

Repase la diferencia entre rectitud y justicia.
Rectitud significa que Dios solo hace aquello que es bueno; Él no hace mal.
Justicia es Dios legislando sus estándares justos.

Versículos suplementales:

- Números 20:7–12—Moisés no es permitido entrar a la Tierra Prometida porque desobedeció a Dios

- Mateo 5:48—El estándar de Dios para el hombre es la perfección

- Hebreos 9:27—Los incrédulos serán juzgados

- 2 Corintios 5:21—Los creyentes tienen la justicia imputada de Cristo

Preguntas de aplicación:

- ¿Cómo le afecta personalmente la rectitud de Dios?

- ¿Cómo afecta la rectitud de Dios su vida de oración?

Respuestas de aplicación:

- Nos dirige a la necesidad de un Salvador

- La ley de Dios debe ser el estándar de mi vida

- El juicio de Dios sobre los incrédulos debe llevarme a testificar

- Me mueve a ser agradecido por la justicia que tengo en Cristo

- Me lleva a mis rodillas, en humildad, pidiendo perdón por mis pecados

3. La Soberanía de Dios

Dios no está sujeto a nadie; Él hace lo que le plazca.

Versículos suplementales:

- Romanos 8:28— Todas las cosas cooperan...conforme a Su propósito.

Preguntas de aplicación:

- ¿Cómo le afecta la soberanía de Dios?

- ¿Cómo afecta la soberanía de Dios su adoración a Dios?

Respuestas de aplicación:

- Nada está fuera del control de Dios

- Dios tiene el control de mi vida; incluyendo mis pruebas

- Yo debería dejar de preocuparme

- Seguridad—no hay nada que nos pueda separar de Cristo

- Yo puedo alabar a Dios por Su poder

4. La Eternidad de Dios

Dios no tiene principio ni fin.

Versos suplementales:

- Juan 3:16—Dios ofrece vida eterna

Preguntas de aplicación:

- ¿Qué significado tiene la eternidad de Dios en nuestra salvación?

- ¿Qué consecuencia tiene para el incrédulo?

Respuestas de aplicación:

- Nuestra salvación eterna tiene significado

- Nuestra esperanza de vida eterna descansa en la eternidad de Dios

- Alabanza: Siempre estaremos en la presencia de Dios

- Para el incrédulo—el estará eternamente separado de Dios en el infierno

5. La Inmutabilidad de Dios

Dios nunca cambia su naturaleza o propósito.

Versículos suplementales:

- Santiago 1:17—Dios no varía.

Preguntas de aplicación:

- ¿Qué aplicación tiene la inmutabilidad de Dios en nuestra salvación?

- ¿Qué efecto tiene sobre el incrédulo?

Respuestas de aplicación:

- Dios no cambiará de opinión acerca de mi salvación

- Dios no cambiará de opinión sobre el juicio del pecado

6. La Omnisciencia de Dios

Dios es omnisciente.

Versículos suplementales:

- Salmo 147:5—Dios tiene un entendimiento infinito

- Romanos 11:33–34—Dios posee todo conocimiento

- Mateo 12:25; Isaías 66:18—Dios sabe los pensamientos del hombre

Preguntas de aplicación:

- ¿Cómo afecta la omnisciencia de Dios su visión del pecado?

- ¿Cómo se relaciona la omnisciencia de Dios a la justicia perfecta de Dios?

- ¿Y el cuidado de Dios para con nosotros?

Respuestas de aplicación:

- Dios conoce todo mi pecado—Yo no puedo esconderme de Dios
- Dios conoce mi vida de pensamiento
- Nosotros no podemos pecar y no recibir las consecuencias
- Él puede ser el juez perfecto, puesto que Él sabe todos los hechos perfectamente
- Dios sabe lo que es mejor para nosotros
- Dios nos conoce mejor que nosotros a nosotros mismos—Él sabe nuestro futuro
- Dios me ama a pesar de que Él conoce todos los pecados que yo voy a cometer

7. La Omnipresencia de Dios

Dios está presente en todo lugar.

Versos suplementales:

- Jeremías 23:23–24—Dios está cerca

Preguntas de aplicación:

- ¿Qué significa que Dios esta cerca?
- ¿Cómo le afecta la omnipresencia de Dios a usted?
- ¿Cómo afecta la omnipresencia de Dios su vida de oración?
- ¿Cómo le afecta la morada del Espíritu Santo en usted?

Respuestas de aplicación:

- Nosotros no podemos escondernos de Dios
- Nosotros podemos estar en la presencia de Dios en todo momento
- Cuando oramos, Dios está cerca
- La presencia del Espíritu Santo está en cada creyente—alrededor del mundo

8. La Omnipotencia de Dios

Dios es todopoderoso.

Usted debería de repasar estos versículos extras listados en esta lección:

- Génesis 1:1, 27—Dios Creador
- Hebreos 1:3—Dios sostiene todas las cosas
- Salmo 37:23–24—Dios controla nuestras vidas
- Isaías 41:10—Dios nos sostendrá

Preguntas de aplicación:

- Cuando usted se detiene y medita sobre el poder de Dios, ¿cuál es su respuesta?

- ¿Qué tal sus problemas?

- ¿Y sus necesidades?

- ¿Y su vida de oración?

- ¿Y qué de su salvación?

Respuestas de aplicación:

- Dios tiene el poder para llevar a cabo todas las promesas que ha hecho

- Ningún problema es muy grande para Dios

- Dios tiene el poder de proveer para todas nuestras necesidades

- Nuestra salvación está segura en Su poder

9. El Amor de Dios

Del versículo de esta lección, Romanos 5:8, pregunte, *¿Cómo muestra Dios Su amor?*

Versículos suplementales:

- 1 Corintios 13:4–6—El amor es paciente, amable, etc.

- Efesios 2:4–5—El amor de Dios demostrado en Su misericordia

- 1 Juan 4:19—"Nosotros amamos, porque Él nos amó primero."

Preguntas de aplicación:

- ¿Cómo le afecta a usted el amor de Dios?

- ¿Cuál debe ser su respuesta al amor de Dios?

- ¿Cómo debería esto de afectar su vida de oración?

Respuestas de aplicación:

- Nuestra respuesta debe ser de amar a Dios…a través de nuestra obediencia a Él

- Debemos estar agradecidos por Su misericordia

- Deberíamos amar a otros, como Dios nos ama, por medio de las buenas obras

10. La Verdad de Dios

Dios es la verdad absoluta y Su verdad es firme.

Versículos suplementales:

- Juan 14:6—Jesucristo es la verdad.

- Juan 16:13—El Espíritu de la verdad les guiará a toda verdad.

- 2 Timoteo 2:15—La Palabra de Dios (Escritura) es verdad.

- Romanos 1:18–22—Los hombres injustos suprimen la verdad.

- Juan 8:32—La verdad de Dios puede hacer a uno libre de pecado.

Preguntas de aplicación:

- ¿Cuál debe ser su respuesta a la verdad de Dios?

- ¿Cómo afecta la verdad de Dios su vida?

- ¿Cómo ve usted la Palabra de Dios y la verdad que contiene?

Respuestas de aplicación:

- La Palabra de Dios es verdad así que yo debería de estar estudiándola

- La verdad de Dios debería de ser la fundación de mi vida

- La Palabra de Dios necesita permear mi vida

- Yo debo compartir la verdad del evangelio con otros

- La verdad de Dios es poderosa y puede salvar

11. La Misericordia de Dios

La misericordia es la compasión o paciencia de Dios para aquellos que se han opuesto a Su voluntad.

Versículos suplementales:

- Efesios 2:4–5—Dios siendo rico en misericordia, nos salvó por Su gran amor.

- 1 Pedro 1:3—La misericordia de Dios es grande y nos ha hecho nacer de nuevo.

- Romanos 3:25— Por la paciencia de Dios, Él pasó por alto nuestros pecados.

- Efesios 4:2—Se nos exhorta a mostrar paciencia con los demás.

Preguntas de aplicación:

- ¿Cómo afecta la misericordia de Dios su vida?

- ¿Por qué es llamada la misericordia de Dios "gran misericordia" en 1 Pedro 1:3?

- ¿Cuál es su respuesta cuando usted piensa sobre la misericordia de Dios?

Respuestas de aplicación:

- Yo soy pecador y he violado la santidad de Dios. Yo estoy en necesidad de la misericordia de Dios

- Yo estoy tan agradecido de que Dios tuvo misericordia de mí y me salvó

- Yo estoy tan agradecido de que Dios continúa teniendo misericordia de mí a pesar de que cada día yo quedo corto de Su santidad

- Yo no soy digno de la misericordia de Dios

- Porque Dios me mostró misericordia, yo debería de mostrarle misericordia a los demás

5. Aplicación (sección V)

A. La conclusión es:

- ◆ Tema a Dios—Proverbios 9:10; Apocalipsis 15:4 (el temer a Dios es el reverenciarlo y adorarlo.)

- ◆ Desee conocer a Dios—Salmo 27:8

- ◆ Proclame a Dios—1 Pedro 2:9

Tome tiempo para discutir las respuestas a las preguntas de aplicación de los estudiantes en la sección final. Estos son asuntos de vital importancia y nos beneficiaría ponderarlos con antelación en lugar de esperar a que sucedan y entonces tratar de imaginar cómo deberíamos responder.

B. Exhortación Final

Exhorte a sus estudiantes a reflexionar sobre los atributos de Dios cuando ellos oran. El alabar a Dios recitando sus atributos de regreso a Él pone el fundamento correcto para la oración que lleva a uno a la confesión y la humildad.

Cierre con un tiempo de oración enfocada en alabar los atributos de Dios.

LA PERSONA DE JESUCRISTO

Memorice Juan 1:1, 14

En el principio existía el Verbo, y el Verbo estaba con Dios, y el Verbo era Dios.. . . . Y el Verbo se hizo carne, y habitó entre nosotros, y vimos su gloria, gloria como del unigénito del Padre, lleno de gracia y de verdad.

Jesucristo es la figura central de toda la historia de la humanidad. Nunca ha habido nadie como Él. Él fue considerado como un gran maestro, un líder religioso, un profeta, el Hijo de Dios, hasta como Dios mismo. Las declaraciones que Él hizo, así como aquellas que otras personas han hecho sobre Él, lo han impulsado al centro de controversias interminables a lo largo de la historia.

Poncio Pilato formuló la interrogante perfectamente cuando preguntó, "¿Qué haré entonces con Jesús, llamado el Cristo?" (Mateo 27:22). Antes de que usted pueda responder esa pregunta, usted debe primero entender quién es Jesús. Esta lección le presentará a Jesús.

I. El Dios Que Se Hizo Hombre

Jesucristo vino al mundo en carne humana. Él voluntariamente puso a un lado el uso independiente de Sus atributos divinos y tomó forma de hombre. Él era totalmente humano, un hombre en todos los sentidos, excepto que Él era sin pecado. Esto se conoce como la "encarnación."

A. ¿Qué dice Filipenses 2:6 acerca de Jesús antes de convertirse en hombre?

"Aunque existía en forma de Dios, no consideró el ser igual a Dios como algo a qué aferrarse."

B. De acuerdo a Filipenses 2:7 ¿qué hizo Jesús?

"Se despojó a Sí mismo tomando forma de siervo, haciéndose semejante a los hombres."

C. Jesús era totalmente humano.

1. Describa el crecimiento de Jesús y su desarrollo como un joven (Lucas 2:40, 52).

Creció y se fortaleció; llenándose cada vez más de sabiduría.

2. ¿Cuál fue la respuesta de Jesús cuando estuvo cansado (Marcos 4:38)? _____ Él durmió _____

3. ¿Cuál fue la respuesta de Jesús a la falta de comida (Lucas 4:2)? _____ Él se volvió hambriento _____

4. ¿Cómo se sintió Jesús después de un viaje (Juan 4:6)? _____ Él estaba cansado. _____

5. ¿Cómo reaccionó Jesús cuando estaba triste (Juan 11:35)? _____ "Jesús lloro." _____

6. ¿Qué dijo Jesús acerca de Sí mismo (Lucas 24:39)? _"Mirad mis manos y mis pies, que soy yo mismo;_

palpadme y ved, porque un espíritu no tiene carne ni huesos como veis que yo tengo."

II. El Hombre Quien Es Dios

A pesar de que Jesús tomó la forma de un hombre, Él todavía era completamente Dios. Considere las siguientes marcas de deidad atribuidas a Cristo.

A. Atributos

Lea los siguientes versículos, los cuales describen los diversos atributos de Cristo.
Soberano... Mateo 28:18 Eterno.. 1 Juan 1:1–2 Inmutable (No cambia) .... Hebreos 13:8 Omnisciente (Todo lo sabe) .... Colosenses 2:2b–3 Perfecto o sin pecado.. 2 Corintios 5:21 Santo.. Hechos 3:14–15 Verdad.. Juan 14:6

Cristo demostró Su poder (omnipotencia) en Su ministerio terrenal de las siguientes maneras:

1. Mateo 8:23–27: poder sobre _____ la creación al calmar la tormenta _____

2. Lucas 4:40: poder sobre _____ enfermedades y dolencias _____

3. Lucas 4:33–36: poder sobre _____ demonios _____

4. Juan 11:43–44: poder sobre _____ la muerte _____

¿Qué autoridad adicional ejercitó y reclamó Jesús (Marcos 2:3–12)?

(Nota: ver el versículo 10.)

_____ (v. 10); Cristo tiene autoridad en esta tierra para perdonar pecados. _____

De acuerdo a Marcos 2:7, ¿quién es el único que puede perdonar pecados?

_____ Sólo Dios puede perdonar pecados. _____

Puesto que Jesús tenía la autoridad para perdonar pecados, y solo Dios puede perdonar pecados, ¿quién es Jesucristo? _____ Él es Dios. _____

B. Títulos de la Deidad

1. Mateo 1:23 _____Emanuel_____ ("Dios con nosotros")

2. Filipenses 2:10–11 _____Señor_____ (soberano)

3. Juan 8:58 _____Yo Soy_____ (título reservado para Dios; Éxodo 3:14)

■ Es lógico, creo yo, que Aquél que es primero en rango en el universo; Aquél que es el punto de referencia para la historia; Aquél que es el Agente, la Meta, el Precursor, el Sostenedor, el Gobernador en la esfera de la creación, Aquél que es la cabeza de la iglesia, y Aquél que es el principio, la fuente, y el principal, Aquél que es el primero de todos los resucitados, Aquél que es el primer fruto, si se puede decir, de aquellos que durmieron; ese tiene el derecho al título de "Preeminente", ¿no le parece?

John MacArthur

C. Declaraciones de Su Deidad
Escriba las declaraciones claves.

1. Colosenses 2:9 _____"Porque toda la plenitud de la Deidad reside corporalmente en El."_____

2. Hebreos 1:1–3a _____"Él es el resplandor de su gloria y la expresión exacta de su naturaleza."_____

3. Juan 1:1, 14: Jesucristo ("El Verbo") es _____ Dios.

4. Tito 2:13 _____"Nuestro gran Dios y Salvador Cristo Jesús."_____

III. El Cristo Quien Es Salvador

De acuerdo a Juan 3:17, Jesús es el Salvador del mundo. Liste los siguientes títulos que describen la gracia salvadora de Dios.

1. Juan 1:29 _____Cordero de Dios_____

2. Juan 6:35 _____Pan de Vida_____

3. Juan 14:6 _____El camino, la verdad, y la vida_____

IV. El Rey Quien Viene A Reinar

Jesús no es solamente una persona del pasado. Él es el Rey de reyes y Señor de señores (1 Timoteo 6:14–15) quien algún día reinara sobre la tierra.

A. De acuerdo a Daniel 7:14, ¿qué tres cosas han sido dadas a Cristo?

1. _____ dominio _____

2. _____ gloria _____

3. _____ reino _____

B. ¿Qué le dijo Jesús a Sus seguidores en Mateo 25:31–32?

"Pero cuando el Hijo del Hombre venga en su gloria, y todos los ángeles con El, entonces se sentará en el trono de su gloria; y serán reunidas delante de El todas las naciones; y separará a unos de otros, como el pastor separa las ovejas de los cabritos."

C. Cuando Cristo ascendió a los cielos 40 días luego de la resurrección, ¿qué se les dijo a los apóstoles? (Hechos 1:11)?

"Les dijeron: 'Varones galileos, ¿por qué estáis mirando al cielo? Este mismo Jesús, que ha sido tomado de vosotros al cielo, vendrá de la misma manera, tal como le habéis visto ir al cielo.'"

D. Describa el regreso de Jesucristo (2 Tesalonicenses 1:7b–10). "Cuando el Señor Jesús sea revelado desde el cielo con sus poderosos ángeles en llama de fuego, dando retribución a los que no conocen a Dios, y a los que no obedecen al evangelio de nuestro Señor Jesús. Estos sufrirán el castigo de eterna destrucción, excluidos de la presencia del Señor y de la gloria de su poder, cuando El venga para ser glorificado en sus santos en aquel día y para ser admirado entre todos los que han creído; porque nuestro testimonio ha sido creído por vosotros."

V. Aplicación

Cristo es:

- Dios

- Salvador

- Rey/Gobernante

A. A la luz de esto, ¿cómo puede prepararse mejor para Su segunda venida? (2 Pedro 3:14)?

"Por tanto, amados, puesto que aguardáis estas cosas, procurad con diligencia ser hallados por El en paz, sin mancha e irreprensibles."

(Versículo citado para la conveniencia del maestro. Las respuestas serán variadas.)

B. ¿Qué puede hacer usted durante esta semana para reconocer quién es Él (Apocalipsis 5:11–14)?

"Y miré, y oí la voz de muchos ángeles alrededor del trono y de los seres vivientes y de los ancianos; y el número de ellos era miríadas de miríadas, y millares de millares, que decían a gran voz: El Cordero que fue inmolado digno es de recibir el poder, las riquezas, la sabiduría, la fortaleza, el honor, la gloria y la alabanza. Y a toda cosa creada que está en el cielo, sobre la tierra, debajo de la tierra y en el mar, y a todas las cosas que en ellos hay , oí decir: Al que está sentado en el trono, y al Cordero, sea la alabanza, la honra, la gloria y el dominio por los siglos de los siglos. Y los cuatro seres vivientes decían: Amén. Y los ancianos se postraron y adoraron."

(Versículo citado para la conveniencia del maestro. Las respuestas serán variadas.)

La Persona de Jesucristo

Los Objetivos de la Lección 4

1. El presentar la persona de Cristo:

   - Como Dios

   - Como hombre

   - Como Señor y Salvador

El Plan de Clase para la Lección 4

1. Discutir la encarnación y la humanidad de Jesucristo.

2. Discutir la divinidad verdadera de Jesús.

3. Discutir el rol de Jesús como Salvador y Rey.

Preguntas Comunes para la Lección 4

¿Cómo puede Jesús ser 100 por ciento hombre y 100 por ciento Dios al mismo tiempo?

¿Cómo puede Jesús ser el Hijo de Dios y sin embargo igual a Dios?

Esquema de Enseñanza Sugerido para la Lección 4

1. Calentamiento

Su grupo debe estar emocionado y deseoso de profundizar en las lecciones. Felicítelos por sus esfuerzos. Continúe repasando los versículos a memorizar en las lecciones, invitando a la gente a reflexionar sobre percepciones que hayan tenido en estos versículos mientras meditaban en la Palabra de Dios.

2. Introducción

Cuando se habla de la persona de Jesucristo, las personas usualmente no tienen problema en aceptar a Cristo como un hombre. Sin embargo, el asunto con el cual luchan es Cristo siendo igual a Dios, y de hecho siendo Dios mismo. Por lo tanto, es importante que en esta lección se explique lo que sucedió en la encarnación. Usted necesita explicar lo que sucedió durante la *kenosis* (Filipenses 2:6–8), y luego cubrir la divinidad esencial de Cristo.

Sin embargo, antes de embarcarse en una discusión sobre la deidad de Cristo, a modo de introducción sirve de ayuda el examinar los títulos y YO SOYs de Cristo. Los títulos y YO SOYs de Cristo son muy poderosos y sientan la base para la discusión sobre su deidad esencial.

A. Los nombres y títulos de Cristo

El título de Señor Jesucristo:

♦ **Señor**—título de honor; estamos sujetos a Él (1 Corintios 7:23; 1 Pedro 1:18–19; Romanos 6:22)

♦ **Jesús**—palabra griega *Joshua*, significa salvador (Mateo 1:21)

♦ **Salvador**—Cristo fue el Cordero de Dios (Juan 1:29; Isaías 53:7)

♦ **Cristo**—significa "El Ungido"; el Mesías (Juan 1:41); el título oficial de nuestro Salvador

Una lista de nombres, apelativos, y los títulos de Cristo se puede encontrar en la Biblia Tópica Nave, en "Jesús, el Cristo: Nombres, Apelativos, y Títulos."

B. Los YO SOYs de Cristo

♦ Yo soy manso y humilde de corazón—Mateo 11:29

♦ Yo soy el Hijo de Dios—Mateo 27:43

♦ Yo estoy con vosotros todos los días—Mateo 28:20

♦ Yo soy el pan de la vida—Juan 6:35

♦ Yo soy la luz del mundo—Juan 8:12

♦ Yo no soy de este mundo—Juan 8:23

♦ Yo soy la puerta—Juan 10:9

♦ Yo soy el buen pastor—Juan 10:11

♦ Yo soy la resurrección y la vida—Juan 11:25

♦ Yo soy el camino, la verdad, y la vida—Juan 14:6

♦ Yo soy la vid—Juan 15:5

♦ Yo soy un rey—Juan 18:37

♦ Yo soy el Alfa y el Omega/ Todopoderoso—Apocalipsis 1:8; 21:6

♦ Yo soy el Primero y el Último, el que vive, por los siglos de los siglos—Apocalipsis 1:17–18

♦ Yo soy el que escudriña las mentes y los corazones—Apocalipsis 2:23

♦ Yo vengo pronto—Apocalipsis 3:11

♦ Yo soy la raíz y la descendencia de David, el lucero resplandeciente de la mañana—Apocalipsis 22:16

♦ Yo SOY—Juan 8:58

3. El Dios que se convirtió en hombre (sección I)

Como se mencionó anteriormente, el tema de Cristo como un ser humano, "carne y hueso", como afirma Lucas 24:39, es normalmente aceptado. Sin embargo, es importante para el estudiante el aprender que la existencia de Cristo no comenzó en Su nacimiento humano. Sino que Cristo existió en la forma de Dios antes de Su encarnación, y en Su nacimiento el tomó forma de humano, convirtiéndose en 100 por ciento Dios y 100 por ciento hombre.

A. La encarnación

Comience pidiéndole a un estudiante que lea Filipenses 2:6–7 y dé las respuestas a la lección #4, preguntas I, A y I, B. Luego inicie una discusión sobre la encarnación.

Puntos clave a cubrir durante la discusión sobre la encarnación:

- ◆ **Cristo nunca cesó de ser Dios**—Colosenses 2:9 (esto también será expandido cuando se cubra la sección II de la lección.)

- ◆ **Cristo añadió la humanidad a Su deidad.** Su gloria fue velada en carne; la transfiguración fue un despliegue de Cristo por un momento, develando Su gloria—Mateo 17:1–8.

- ◆ **Cristo *voluntariamente* puso de lado, o se despojó, a Sí mismo del ejercicio independiente de algunos de Sus atributos divinos (Filipenses 2:7).

  - ◊ Puso a un lado Su gloria— Juan 17:5

  - ◊ Puso a un lado Su autoridad independiente—Filipenses 2:7

  - ◊ Puso a un lado el despliegue abierto de Sus atributos divinos—Mateo 24:36

  - ◊ Puso a un lado Sus riquezas eternas—2 Corintios 8:9

  - ◊ Puso a un lado Su relación cara-a-cara con el Padre—Mateo 27:46

Importante: Como resultado de Su auto-humillación, Cristo tomó la forma de siervo. Esto explica los pasajes con que las personas que insinúan que Cristo no es Dios tienen problemas, tales como:

- ◊ "Yo no puedo hacer nada por iniciativa mía. . . no busco mi voluntad, sino la voluntad del que me envió" (Juan 5:30).

- ◊ "El Padre es mayor que yo" (Juan 14:28).

- ◆ **Cristo debía ser hombre, para morir en el lugar del hombre** (Mateo 20:28).

- ◆ **Cristo tenía que ser Dios, para ser el sacrificio perfecto.** La ausencia de pecado en Cristo no puede ser explicada aparte de Su deidad (Romanos 3:23; 1 Corintios 15:45–48).

B. La humanidad de Cristo

Brevemente cubra la humanidad de Cristo pidiéndoles a sus estudiantes que lean sus respuestas a la lección #4, sección I, C. No pase mucho tiempo aquí, esto es bastante sencillo. Usted quiere pasar a la deidad de Cristo.

4. El hombre que es Dios (sección II)

Este es el núcleo de la lección, claramente demostrando la deidad de Jesucristo. Comience revisando las secciones II, A, B y C en la lección:

A. La deidad de Cristo demostrada en Sus atributos

- ◆ Revise la tabla de atributos de Cristo, en la sección II, A. Nota: Si usted no lee estos versículos, lo más seguro es que los estudiantes lo pasarán por alto.

- ◆ Hable sobre el atributo de la omnipotencia de Cristo.

◊ Pídale a los estudiantes que lean sus respuestas de II, A, 1–4 y hable sobre el poder de Cristo.

◊ Repase el gráfico al final de II, A—hable sobre el poder de Dios de perdonar pecados.

B. La deidad de Cristo demostrada a través de Sus títulos

◆ Repase los títulos de Cristo, II, B (que usted ya cubrió en la introducción).

C. Declaraciones estableciendo la deidad de Cristo

Repase las declaraciones de la deidad de Cristo, en II, C. Pasajes adicionales para suplementar la lección:

◆ El testimonio de Tomás acerca de la deidad de Cristo—Juan 20:28–29

◆ Cristo como Soberano, Rey de reyes—1 Timoteo 6:14–16

◆ Cristo afirmó ser Dios—Juan 10:31–33

Nota: Los judíos no se perdieron de la afirmación de Cristo siendo Dios. Los judíos recibieron el mensaje y entendieron exactamente lo que Jesús estaba diciendo. Y por eso fue que cogieron las piedras para matarlo, de acuerdo a sus leyes (Levítico 24:16).

■ Juan 10:33 claramente describe el hecho de que los judíos recibieron el mensaje cuando Jesús hizo muchas afirmaciones. La gente dice, "Bueno, Jesús nunca se declaró ser Dios." ¡Que tontería! Y eso es poniéndolo suave. Note sus palabras mientras planeaban matarlo, "Los judíos le contestaron: No te apedreamos por ninguna obra buena, sino por blasfemia; y porque tú, siendo hombre, te haces Dios." (Juan 10:33). Ellos recibieron el mensaje. Créanme, ellos recibieron el mensaje. Ellos sabían exactamente lo que Él afirmaba; Él había declarado tener autoridad divina sobre los ángeles; había declarado tener autoridad divina sobre los hombres; Él declaró, de hecho, tener autoridad divina sobre todo cuando Él dijo, "Toda autoridad me ha sido dada en el cielo y en la tierra." (Mateo 28:18). Él declaró tener autoridad divina sobre la Ley, sobre el día de reposo, sobre la tradición de los ancianos, sobre todo. Él afirmo tener poder para perdonar pecados, poder para levantarse a Sí mismo de entre los muertos, y lo probó.

John MacArthur

5. El Cristo que es Salvador (sección III)

Repase los títulos de Cristo como el Salvador del mundo. Asegúrese que la clase entienda que hay una gran diferencia entre decir, "Jesús es el Salvador" y decir, "Jesús es mi Salvador."

Pregunte, *¿Cuál es la diferencia entre admitir que Jesús es el Salvador, e irse más allá y declarar que Jesús es mi Salvador?*

Pregunte, *Basado en los versículos en esta sección, ¿qué significa el usar el título de "Salvador" cuando se habla de Jesús?*

6. El Rey que viene a gobernar (sección IV)

Nunca deje a Cristo en la cruz. Concluya la lección presentando al Cristo resucitado y exaltado que vendrá de nuevo en poder.

A. La exaltación de Cristo

Pídale a uno de los estudiantes que lea sus respuestas de IV, A.

Versículos para suplementar la lección como vea necesario:

♦ Exaltado hasta lo sumo—Filipenses 2:9–10

♦ A la diestra del Padre—Hebreos 1:3

Pregunte, *Cuando decimos que Jesús es Rey, ¿en qué diferentes maneras estamos pensando sobre Su reino?*

B. La segunda venida de Cristo

Pídales a los estudiantes que lean las respuestas de IV, B hasta IV, D.

Versículos para suplementar la lección como usted vea necesario:

♦ Viene en juicio—2 Tesalonicenses 1:7–10

♦ Su gloria revelada—Mateo 24:30

♦ El poder de la segunda venida de Cristo—Apocalipsis 19:11–16

Pregunte, *¿Qué imágenes o ideas llenan su mente cuando usted piensa sobre Jesús regresando en gloria?*

7. Aplicación (sección V)

El primer versículo en esta sección urge a una manera de vivir a la luz del regreso de Cristo; el segundo provee una imagen de cómo se verá y cómo se sentirá ese regreso. Pídales a algunos de los estudiantes que compartan con la clase lo que ellos escribieron como respuesta a cada una de las preguntas para aplicación.

■ La gente frecuentemente se ha referido a la Biblia como el "Libro de Jesús", y en cierto sentido eso es verdad. Si usted entiende la Biblia, usted entiende que es el Libro acerca del Señor Jesús. En el Antiguo Testamento está la preparación para la venida de Cristo. En los Evangelios ahí esta la presentación de Cristo; Él ha venido. En Hechos está la proclamación, el mensaje de salvación en Cristo es anunciado. En las Epístolas nosotros estudiamos la personalización, o sea, para mí el vivir es Cristo. Cristo, quien ha muerto y resucitado de la tumba, vuelve a vivir entre Su pueblo. Y en Apocalipsis ahí está el predominio, o el Cristo en el trono, el reino del Rey, el Cordero en el trono.

En todos los sentidos, la Biblia es la historia de Cristo. Es el Libro que nos dice todo sobre Él. En Hechos, capítulo 8, el enfoque en Cristo nos es indicado en el versículo 35, cuando Felipe, hablando con el eunuco etíope camino a Gaza, el Espíritu Santo dice, "Felipe abrió su boca, y comenzando desde esta Escritura, le anunció el evangelio de Jesús." Claro, él estaba comenzando en el Antiguo Testamento con el profeta Isaías. El encontró al eunuco donde él estaba en las Escrituras y le mostró a Cristo.

John MacArthur

LA OBRA DE CRISTO

Prepárese para su Asignación

1. Descargue el mensaje #5, "El Jesús Sufriente: Nuestro Sustituto y Pastor," de www.moodyurban.com/fdlf.

2. Use su cuaderno y tome notas del mensaje.

3. Trabaje en las preguntas y tareas en las siguientes páginas.

Memorice: 1 Corintios 15:3–4

Porque yo os entregué en primer lugar lo mismo que recibí: que Cristo murió por nuestros pecados, conforme a las Escrituras; que fue sepultado y que resucitó al tercer día, conforme a las Escrituras.

■ Algunas personas piensan que Jesús murió como un mártir. Ellos creen que Jesús es un gran ejemplo de alguien que murió por una causa. Esa es la mentalidad de "Jesucristo Superestrella"—que Jesús fue un mártir que vivió por una buena causa y da un gran ejemplo de cómo estar tan entregado a una causa que uno esté dispuesto a morir como mártir. Y sin duda, un mártir puede ser ejemplo de sufrimiento pero no puede ser un sustituto. Un mártir no puede quitar mi pecado a través del sacrificio de sí mismo.

John MacArthur

Las Escrituras nos dice que "Él mismo llevó nuestros pecados en su cuerpo sobre la cruz, a fin de que muramos al pecado y vivamos a la justicia, porque por sus heridas fuisteis sanados." (1 Pedro 2:24).

I. La Necesidad del Hombre de la Obra de Cristo

A. De acuerdo a Romanos 3:10–12, ¿cada hombre es culpable de qué seis cosas?

1. _____ ninguno justo _____
2. _____ ninguno que entienda _____
3. _____ ninguno que busque a Dios _____
4. _____ todos se han desviado _____
5. _____ se volvieron inútiles _____
6. _____ nadie hace lo bueno _____

Romanos 3:23 sumariza cuál es el problema: "Por cuanto todos pecaron y no alcanzan la gloria de Dios."

B. ¿De qué es el hombre esclavo? (Juan 8:34)?
_____ del pecado _____

C. ¿Cuál es el resultado del pecado (Santiago 1:15)?
_____ la muerte _____

D. Porque estábamos muertos en nuestro delitos y pecados, ¿a quién seguíamos y qué tipo de hijos éramos (Efesios 2:1–3)?

"Anduvisteis en otro tiempo según la corriente de este mundo, conforme al príncipe de la potestad del aire, el espíritu que ahora opera en los hijos de desobediencia, entre los cuales también todos nosotros en otro tiempo vivíamos en las pasiones de nuestra carne, satisfaciendo los deseos de la carne y de la mente, y éramos por naturaleza hijos de ira, lo mismo que los demás."

E. ¿De quién van a experimentar la ira los "hijos de desobediencia" (Efesios 5:6)? <u>la ira de Dios</u>

¿Tolerará Dios el pecado?

"Maldito todo el que no permanece en todas las cosas escritas en el libro de la ley, para hacerlas."
—Gálatas 3:10

Así como estudiamos en la lección 3, Dios afirma Su santidad y demanda conformidad a esa santidad. El hombre se enfrenta con:

- El pecado (Romanos 3:23)

- El tener a Dios como su enemigo (Santiago 4:4b)

- El sometimiento al poder de Satanás (1 Juan 5:19)

- El ser incapaz de salvarse a sí mismo (Romanos 5:6)

- La muerte (Romanos 6:23)

- La condenación y la separación eterna de Dios (2 Tesalonicenses 1:9)

II. El Costo de la Obra de Cristo

A. Leer Filipenses 2:7–8.

1. ¿Cuáles son las tres cosas que Cristo hizo cuando vino al mundo (versículo 7)?

   a. <u>se despojó a Sí mismo</u>

   b. <u>tomó la forma de siervo</u>

   c. <u>se hizo semejante a los hombres</u>

2. ¿En qué forma se humilló Jesús a Sí mismo? (versículo 8)? <u>Se humilló así mismo, haciéndose</u> <u>obediente hasta la muerte, y muerte de cruz.</u>

B. ¿Qué le pasó a Jesús en la tierra, de acuerdo a Isaías 53:3?

<u>"Fue despreciado y desechado de los hombres, varón de dolores y experimentado en aflicción"</u>

C. ¿Qué requiere el perdón de pecados (Hebreos 9:22)?

<u>"Y según la ley, casi todo es purificado con sangre, y sin derramamiento de sangre no hay perdón."</u>

D. ¿Qué precio pagó Cristo para redimirnos (1 Pedro 1:18–19)?

<u>Su sangre derramada</u>

E. ¿Qué gritó Jesús en la cruz (Mateo 27:46)?

"Dios mío, Dios mío, ¿por qué me has abandonado?

F. ¿Qué le hizo Dios a Jesús mientras Él estaba en la cruz? (Isaías 53:6)?

"El SEÑOR hizo que cayera sobre El la iniquidad de todos nosotros."

III. Las Provisiones de la Obra de Cristo

Jesucristo vino a la tierra a pagar el precio del pecado. Ese precio era Su propia vida, la cual Él dio voluntariamente (Juan 10:11, 17–18). Su sacrificio era la única forma de quitar el pecado para siempre. (Hebreos 9:12).

Describa lo que la muerte de Jesús logro.

A. 1 Pedro 3:18 "Porque también Cristo murió por los pecados una sola vez, el justo por los injustos, para llevarnos a Dios, muerto en la carne pero vivificado en el espíritu."

B. Romanos 5:10 Porque si cuando éramos enemigos fuimos reconciliados con Dios por la muerte de su Hijo, mucho más, habiendo sido reconciliados, seremos salvos por su vida."

C. 2 Corintios 5:21 "Al que no conoció pecado, le hizo pecado por nosotros, para que fuéramos hechos justicia de Dios en El."

D. Gálatas 1:4 "[Jesús] se dio a sí mismo por nuestros pecados para librarnos de este presente siglo malo, conforme a la voluntad de nuestro Dios y Padre."

E. Efesios 1:7 "En El tenemos redención mediante su sangre, el perdón de nuestros pecados según las riquezas de su gracia."

F. Romanos 6:6–7 "Nuestro viejo hombre fue crucificado con El, para que nuestro cuerpo de pecado fuera destruido, a fin de que ya no seamos esclavos del pecado; porque el que ha muerto, ha sido libertado del pecado."

■ En el corazón de la adoración de la iglesia está la ordenanza de la Santa Cena, con la cual estamos bien familiarizados. Allí en la Santa Cena tomamos el pan y la copa en memoria y en comunión con Cristo. Al centro de la Santa Cena hay una doctrina y esa doctrina es el centro del evangelio cristiano. Se resume en las palabras de nuestro Señor, quien dijo, "Este es mi cuerpo que será entregado por vosotros." La esencia del evangelio cristiano es que Jesucristo ha hecho algo por nosotros. Más específicamente, Él murió por nosotros. Ese es el punto. Su muerte fue *para* nosotros. Y eso es precisamente lo que Pedro dice en 1 Pedro 2:21, "Cristo sufrió por vosotros." Él sufrió por ti. Fue por nosotros que Cristo sufrió, ese es su punto.

John MacArthur

Jesucristo: La Respuesta a Todos los Problemas del Hombre Concerniente a la Salvación

La obra de Cristo en la cruz y Su resurrección son la única solución a los problemas del hombre. Por eso es que Pedro podía proclamar de Jesucristo:

"Y en ningún otro hay salvación, porque no hay otro nombre bajo el cielo dado a los hombres, en el cual podamos ser salvos." —Hechos 4:12

Refiérase a sus respuestas en la primera sección de esta lección, y note cómo Cristo es la respuesta a cada uno de los problemas del hombre.

Problema del Hombre	La Solución en Cristo	Escritura
A. La culpa ante Dios 1. No es justo	"Por la obediencia de uno los muchos serán constituidos justos."	Romanos 5:19
2. No tiene entendimiento	"El Hijo de Dios ha venido y nos ha dado entendimiento."	1 Juan 5:20
3. No busca a Dios	"El Hijo del Hombre ha venido a buscar y a salvar lo que se había perdido."	Lucas 19:10
4. Alejado de Dios	"Andabais descarriados . . . pero ahora habéis vuelto al Pastor."	1 Pedro 2:25
5. Todos se han vuelto inútiles	"Estas virtudes. . . no os dejarán ociosos ni estériles en. . . Jesucristo."	2 Pedro 1:8
6. No hace buenas obras	"Porque somos hechura suya, creados en Cristo Jesús para hacer buenas obras."	Efesios 2:10
B. Esclavitud al pecado	"Jesús te ha libertado de la ley del pecado y de la muerte."	Romanos 8:2
C. Rumbo a la muerte	"El que oye mi palabra y cree al que me envió, tiene vida eterna."	Juan 5:24
D. Recipiente de la ira de Dios	"Justificados por Su sangre, seremos salvos de la ira de Dios por medio de El."	Romanos 5:9

IV. El Motivo para la Obra de Cristo

A. ¿Por qué salvó Dios a los hombres (Juan 3:16; Romanos 5:8)?

Porque Él nos ama.— "Porque de tal manera amó Dios al mundo, que dio a su Hijo unigénito, para que todo aquel que cree en El, no se pierda, mas tenga vida eterna.. . . . Dios demuestra su amor para con nosotros, en que siendo aún pecadores, Cristo murió por nosotros."

B. ¿Qué atributo de Dios es demostrado en Su salvación de los hombres (1 Pedro 1:3)?

Misericordia.— "Bendito sea el Dios y Padre de nuestro Señor Jesucristo, quien según su

gran misericordia, nos ha hecho nacer de nuevo a una esperanza viva, mediante la resurrección

de Jesucristo de entre los muertos."

C. ¿Por qué el autor llama *grande* a la misericordia de Dios? (Nota: Romanos 5:6, 8)

Porque Él murió por quienes no lo merecían.

V. La Resolución y Continuación de la Obra de Cristo

La muerte de Cristo en el Calvario terminó su obra redentora para el hombre (Juan 19:30). Pero la historia de salvación no termina allí. La tumba no pudo retener a Cristo; Él vive y continúa la obra que comenzó por nosotros.

A. ¿Cómo fue Cristo declarado como el Hijo de Dios (Romanos 1:4)?

" . . . con poder, conforme al Espíritu de santidad, por la resurrección

de entre los muertos: nuestro Señor Jesucristo."

B. Luego de que Cristo llevara a cabo la purificación de los pecados, ¿cómo fue Él exaltado (Hebreos 1:3)?

" . . . Se sentó a la diestra de la Majestad en las alturas."

C. Experimentamos la muerte espiritual a través del pecado de Adán. ¿Qué beneficio obtenemos a través de la resurrección de Cristo? (1 Corintios 15:21–22)?

"en Cristo todos serán vivificados."

La Biblia se refiere a la resurrección de Cristo como "las primicias". Este es un término del Antiguo Testamento que habla de los primeros frutos de la cosecha; estos frutos eran apartados para el Señor. Cuando se usa en el Nuevo Testamento, "las primicias" implica un compromiso de más cosecha por venir. Por lo tanto, la resurrección de Cristo conlleva la promesa de resurrección para los demás también (1 Corintios 15:20–22; 1 Pedro 1:3).

D. Ahora que hemos sido atraídos a Dios por medio de Cristo, ¿qué es Jesús capaz de hacer (Hebreos 7:25)? "Por lo cual Él también es poderoso para salvar para siempre a los que por medio de Él se acercan a Dios, puesto que vive perpetuamente para interceder por ellos."

E. ¿Qué rol exclusivo tiene Cristo (1 Timoteo 2:5)? "Porque hay un solo Dios, y también un solo mediador entre Dios y los hombres, Cristo Jesús hombre."

F. Cuando Jesús se iba, ¿qué prometió Él que haría (Juan 14:3)? _"Y si me voy y preparo un_

lugar para vosotros, vendré otra vez y os tomaré conmigo; para que donde yo estoy, allí estéis

también vosotros."

VI. Aplicación

Cuando algunas personas son confrontadas con la realidad de quien es Cristo, ellos se dan cuenta de que han cometido un error terrible en lo que han creído o como han vivido. Ellos son profundamente convencidos de pecado en sus corazones. Considere el ejemplo de los hombres en Jerusalén, cuyos ojos fueron abiertos a la verdad.

"Al oír esto, compungidos de corazón, dijeron a Pedro y a los demás apóstoles: Hermanos, ¿qué haremos?"
—Hechos 2:37

¿Qué puede hacer usted?

- Reconozca que ha pecado y no es aceptable a Dios.

- Arrepiéntase y clame al nombre de Jesús para que lo salve.

- Busque el perdón a través de Su sangre derramada por usted.

- Reconozca que Él es el gobernante legítimo en su vida.

- Agradézcale a Dios por Su amor y gracia.

☐ Me he arrepentido de mis pecados y he clamado al nombre de Jesús, creyendo en Él como mi Señor y Salvador.

☐ No he recibido a Cristo, pero todavía estoy buscando sinceramente.

La Obra de Cristo

Los Objetivos de la Lección 5

1. Explicar la necesidad del hombre de un Salvador.

2. Mostrar el costo de la obra de Cristo.

3. Mostrar la provisión de la obra de Cristo.

4. Presentar al Cristo resucitado.

5. Ofrecer un llamado al arrepentimiento.

El Plan de Clase para la Lección 5

1. Discutir sobre el pecado y la realidad de la depravación del hombre.

2. Enfatizar la necesidad y el plan predeterminado de la muerte sustitutiva de Cristo.

3. Discutir la crucifixión y el juicio de Dios.

4. Discutir la resurrección y la provisión de la obra de Cristo en la cruz.

Preguntas Comunes para la Lección 5

¿Por qué tuvo que morir Cristo? ¿No pudo Él haber salvado al mundo sin morir?

¿Cómo sé que *todos* mis pecados fueron pagados en la cruz?

Esquema de Enseñanza Sugerido para la Lección 5

1. Calentamiento

La lección se centra alrededor del costo que Cristo tuvo que pagar en la cruz por nuestros pecados. Esto se ve en Su humillación total, hasta el punto de morir en la cruz (Filipenses 2:8). La muerte de Cristo en la cruz es el acto supremo de amor de su ministerio terrenal, y es el punto focal de toda la Escritura. Por lo tanto, tendrá que pasar tiempo estudiando la crucifixión y los acontecimientos que rodean la cruz— Dios abandonando a su propio hijo, aplastándolo por nuestros pecados. La majestad de Cristo brilla en Su humildad en la cruz y Su victoria sobre la muerte. Sin embargo, antes de discutir la obra de Cristo en la cruz, es importante entender la condición pecaminosa y sin esperanza de toda la humanidad.

2. La necesidad del hombre de la obra de Cristo (sección I)

La lección comienza describiendo la necesidad de salvación del hombre. Presenta al hombre como perdido sin esperanza y esclavizado al pecado.

A. La condición del hombre—totalmente depravado

Comience por pedirle a sus estudiantes que lean Romanos 3:10–12. Pídales que lean sus respuestas a la pregunta I, A. Discuta las siguientes frases:

♦ *Ninguno justo*

◊ Nadie es justo delante de Dios.

◊ El estándar de Dios es la perfección—Mateo 5:48.

◊ Todos los actos del hombre son como trapos de inmundicia para Dios—Isaías 64:6.

♦ *Ninguno que entienda*

◊ El hombre no redimido no tiene ninguna capacidad espiritual para entender a Dios.

◊ Los hombres tienen entenebrecidos el entendimiento—Efesios 4:17–18.

♦ *Ninguno que busque a Dios*

◊ Los hombres no buscan a Dios a causa de sus corazones endurecidos.

◊ Los hombres sólo buscan a Dios en respuesta a Dios primero buscarles a ellos—Juan 6:44.

♦ *Todos se han desviado*

◊ Pregunte, *¿De quién se han desviado los hombres?* Respuesta: Dios.

◊ **Nota:** Hombres impíos, que no buscan a Dios y no entienden las cosas espirituales, se desviarán y se apartarán por sus propios caminos, aparte de Dios (Isaías 53:6).

♦ *Se hicieron inútiles*

◊ Pregunte, *¿Qué significa el volverse inútil?*

◊ Espiritualmente muertos—Efesios 2:1

♦ *Ninguno que haga lo bueno*

◊ Inútiles para cualquier buena obra—Tito 1:16

La depravación total no significa que el hombre está desprovisto de cualquier cualidad agradable para el hombre o que cada persona es tan mala como él o ella puede ser. Sin embargo, sí significa que cada parte del hombre está manchado por el pecado (motivaciones, acciones, deseos, etc.). Por lo tanto, los hombres son esclavos del pecado, totalmente separados de Dios, y en una condición en la cual es imposible agradar a Dios.

B. La consecuencia de la condición del hombre

Las preguntas I, B hasta I, E detallan la consecuencia del estado depravado del hombre—es decir, que el hombre es esclavo del pecado y está en enemistad con Dios.

Pregúnteles a los estudiantes por sus respuestas a la pregunta I, B. Esto abrirá una discusión sobre el pecado, lo cual es importante discutir ya que no habría la necesidad de la cruz si no fuera por el pecado.

♦ **Definición:** El pecado es toda cosa contrario a Dios en pensamiento, en palabra u obras.

◊ En pensamiento—Mateo 5:28

◊ En palabra o en el habla—Colosenses 3:8

◊ En hecho
- Pecados de comisión: romper la ley de Dios (1 Juan 3:4)
- Pecados de omisión: no hacer lo que sabemos que es correcto (Santiago 4:17)

♦ Esclavizado al pecado: Pregúntele a los estudiantes, ¿Qué significa ser esclavizado al pecado? Discuta la terrible realidad de que cada persona es nacida siendo esclava al pecado.

Repase la lección #5, secciones II, B hasta la II, E. Enfatice que las personas que no son salvas caen bajo el juicio de Dios. Esto es resumido en la lista al final de la sección I. Pídales a los estudiantes que busquen los versículos en la lista y que discutan cada uno.

Pase a la obra de Cristo en la cruz, Romanos 5:6: "Porque mientras aún éramos débiles, a su tiempo Cristo murió por los impíos."

3. La obra de Cristo

Al considerar el sacrificio de Cristo en la cruz, es importante considerar:

♦ La necesidad de un sacrificio de sangre

♦ La humillación de Cristo

♦ La crucifixión y los eventos alrededor de la crucifixión

♦ El juicio de Dios en la cruz

A. La necesidad de un sacrificio de sangre (secciones II, C y II, D)

"¿Por qué tuvo que morir Jesús? No podía Él haber salvado al mundo sin tener que sufrir y morir?" Dios declaró que la muerte era requerida para aplacar el pecado. Esto es visto en el sistema de sacrificios, donde Dios requería la muerte de los corderos de Pascua como ofrenda de pecado. También es visto en el veredicto de Dios de que la paga del pecado es muerte (Romanos 6:23). La muerte de Cristo en la cruz toma el lugar de nuestra muerte espiritual al hacer la expiación por nuestros pecados.

♦ El perdón de nuestros pecados requiere sangre derramada (Hebreos 9:22).

♦ Dios había dado el requerimiento de que el derramamiento de sangre era necesaria para la expiación de pecados (Levítico 17:11).

B. La humillación de Cristo (secciones II, A y II, B)

Repase las secciones II, A y II, B con los estudiantes. Repase la discusión sobre kenosis (vacío) de la semana pasada. Discuta el hecho de que para ser el sacrificio perfecto para el pecado y el mediador entre Dios y el hombre, Jesús tenía que ser Dios y hombre sin pecado. También, en el acto más grande de humildad, Cristo tuvo que poner Su gloria y Su autoridad independiente a un lado y tomar la forma de siervo (Filipenses 2:8), siendo abandonado y despreciado por los hombres.

C. La crucifixión

Cuando se cubra la sección II, el tema de la crucifixión se abre para discusión. Es importante leer los pasajes principales que cubren la crucifixión y discutir los eventos alrededor de la crucifixión.

- ♦ La agonía antes de Su crucifixión—Lucas 22:41–44
- ♦ Su arresto—Mateo 26:50–58
- ♦ Su juicio—Mateo 26:59–8
- ♦ Ante Pilato—Mateo 27:11–26
- ♦ Su flagelación—Mateo 27:27–31
- ♦ Su crucifixión—Mateo 27:32–37
- ♦ Sus últimas palabras—Juan 19:26–30

Los eventos que ocurrieron en Su muerte incluyeron oscuridad sobrenatural, terremotos, resurrecciones, y el rasgado del velo del templo que separaba el Lugar Santísimo (Mateo 27:45–53). El rasgado del velo demostró que el acceso a Dios estaba ahora abierto para todos los hombres. Discuta estos eventos en la clase.

D. El juicio de Dios en la cruz (secciones II, E y II, F)

Para entender la completa carga de Cristo llevando los pecados de todos los que creerían, es imperativo entender que la justicia de Dios requería que el castigo total por todos los pecados cometidos fuera echado sobre Cristo. Al cargar con los pecados del hombre, Cristo se convirtió en pecado, y el Padre ejecutó su juicio sobre Él en lugar de cada pecador individual.

Pero todavía más profundo es que Dios abandonó al Hijo en el momento en que Cristo cargó con los pecados. Note, durante la crucifixión es el único momento en que Cristo se refiere a Dios como "Mi Dios" y no "Padre." Esta separación de la Trinidad, mientras Dios abandona al Hijo, dejó a Cristo totalmente solo mientras cargaba nuestros pecados en Su cuerpo.

Estas verdades necesitan ser discutidas mientras usted cubre las secciones II, E y II, F.

- ♦ Cristo cargó con nuestros pecados, se convirtió en pecado en nuestro lugar—2 Corintios 5:21; 1 Pedro 2:24
- ♦ Nuestras iniquidades cayeron sobre Cristo—Isaías 53:6 (II, F)
- ♦ Dios se complació en aplastar al Hijo como una ofrenda de expiación—Isaías 53:10
- ♦ Cristo fue abandonado por el Padre—Mateo 27:46 (II, E). Nota: Abandonado: dejar atrás; abandonar, desertar.

Pregunte: *¿Por qué abandonó el Padre al Hijo? Respuesta: Porque Cristo se había vuelto pecado.*

■ De alguna manera y de alguna forma, en los secretos de la divina soberanía y omnipotencia, el Dios-Hombre fue separado de Dios en el Calvario por un tiempo breve, mientras la ira furiosa del Padre era derramada sobre el Hijo sin pecado, quien en gracia incomparable se convirtió en pecado por aquellos que creen en Él.[1]

John MacArthur

---

[1] Cita del Comentario MacArthur del Nuevo Testamento: Mateo 24–28 (Moody), © 1999 por John MacArthur.

El juicio de Dios sobre Cristo en la cruz demuestra el inmenso amor de Dios para Sus hijos (1 Juan 4:10), así como el ser la única forma a través de la cual ellos son perdonados.

4. Las provisiones de la obra de Cristo (sección III)

La lección hace un buen trabajo en describir lo que el sacrificio de Jesús logró para aquellos que creen. Repase los versículos en la sección III, de la A hasta la F.

A. Reconciliados con Dios

Repase Romanos 5:10, concentrándose en el hecho de que los creyentes han sido "reconciliados con Dios." El "reconciliar" tiene la idea de traer de nuevo a la harmonía, o llegar a un acuerdo. Ser reconciliado con Dios significa que ahora tenemos paz con Dios.

Pregunte: *¿Cómo responde usted personalmente al mensaje de que, en Cristo, usted ha sido reconciliado con Dios?*

B. Jesucristo: la respuesta a todos los problemas del hombre concerniente a la salvación

Use el gráfico al final de la sección III para ayudar a la clase a visualizar lo extenso de todo lo que Cristo proveyó en Su obra en la cruz. Pregunte, *Por cada uno de los versículos listados en la columna "La Solución en Cristo," ¿cuál sería un resumen de tres o cuatro palabras que sirvan de paralelo a lo que dice dentro de la columna "El Problema del Hombre"?*

■ Poniéndolo lo más simple que puedo, si Cristo no es mi sustituto, entonces yo todavía ocupo el lugar de un pecador condenado. Si mis pecados y mi culpabilidad no son transferidos a Él, y Él no los toma, entonces ellos permanecen en mí. Si Él no lidió con mis pecados, entonces yo tengo que lidiar con ellos. Si Él no cargó mi castigo entonces yo tengo que cargar con él. No existe otra posibilidad. Es Él o yo.

Algunos han sugerido, a propósito, que es inmoral enseñar la doctrina de la sustitución. Algunos teólogos han sugerido que es inmoral enseñar que Dios tomó carne humana y cargó con mi pecado y con el pecado de usted. Pero no es inmoral porque usted no está forzando a Dios a algo que a Él no le gustaría. Usted no está manchando Su Santidad—de ninguna manera. La realidad del asunto es que en el proceso de salvación, marque esto, Dios no está transfiriendo el castigo de un hombre culpable a un hombre inocente. No, Él mismo está cargando el pecado ya que Jesús era Dios en carne humana.

John MacArthur

5. El motivo de la obra de Cristo (sección IV)

El Cristo darse a Sí mismo hasta el punto de muerte para salvar a los hombres demuestra el gran amor y la compasión de Dios. Cuando repase la sección IV, pídales a los estudiantes que den sus respuestas a la pregunta IV, C.

6. La resolución y continuación de la obra de Cristo (sección V)

Recuérdese de cubrir la resurrección. Usted no quiere dejar a Cristo en la cruz.

Por más crucial que sea la muerte de Jesús en la cruz para nuestra salvación, el proceso no terminó ahí. Explique como sin la resurrección, la vida sin pecado de Cristo y Su sacrificio no significarían nada. El tener un Mesías muerto no salva a nadie.

♦ El poder de la resurrección sobre la muerte—Romanos 1:4 (V, A)

♦ La necesidad de la resurrección—1 Corintios 15:13–12 (V, C)

Discuta la idea de "las primicias" como se enfatizó en la sección V, C.

Discuta la posición de Cristo como intercesor y mediador (secciones V, D y V, E). Discuta el propósito de Cristo sirviendo como mediador ante el Padre por nosotros, como nuestro Gran Sumo Sacerdote. (Hebreos 4:14).

7. Aplicación (sección VI)

Siempre hay la posibilidad de que algunas personas en la clase nunca hayan respondido al evangelio. Diga, *El final de esta lección nos reta a cada uno de nosotros a autoexaminarnos y ver si nos hemos arrepentido y si hemos clamado el nombre del Señor, creyendo en Él como Señor y Salvador.*

Luego pregunte, *¿cómo se ve el verdadero arrepentimiento? y ¿Qué significa creer en Él como Señor?*

LA SALVACIÓN

Prepárese para su Asignación

1. Descargue el mensaje #6, "Intercambiando Una Muerte En Vida Por Una Vida Moribunda" de www.moodyurban.com/fdlf.

2. Use su cuaderno para tomar notas sobre el mensaje.

3. Trabaje en las preguntas y tareas de las siguientes páginas.

Memorice Efesios 2:8–10

Porque por gracia habéis sido salvados por medio de la fe, y esto no de vosotros, sino que es don de Dios; no por obras, para que nadie se gloríe. Porque somos hechura suya, creados en Cristo Jesús para hacer buenas obras, las cuales Dios preparó de antemano para que anduviéramos en ellas.

■ John Edie, el predicador escocés del siglo diecinueve, dijo, "Los hombres sin Dios son muerte caminando. Las bellezas de la santidad no atraen al hombre en su insensibilidad moral, ni pueden las miserias del infierno disuadirlo." Usted puede hablarle del cielo, a él no le interesa. Usted le puede hablar del infierno; él no tiene miedo.

Este tipo de hombre no necesita renovación, este tipo de hombre no necesita reparación, este tipo de hombre no necesita restauración ni reanimación; este tipo de hombre necesita una resurrección. Él necesita vida, porque está muerto.

John MacArthur

¿Cómo se aplica la obra de redención de Cristo al hombre? ¿Cómo sabemos si alguien es cristiano? Dios ha decretado u ordenado un plan de salvación que Él nos ha revelado en la Biblia. En esta lección, aprenderemos cómo Él salva a los que creen.

I. La Soberanía de Dios en la Salvación

A. El plan soberano de salvación de Dios

1. Lea Romanos 8:29–30, y escriba la progresión de cómo Dios trae a alguien a la salvación:

   Versículo 29: a los que de antemano ____conoció____

   También los ____predestinó____.

   Versículo 30: a los que ____predestinó____

   A esos también ____llamó____.

   Versículo 30: a los que ____llamó____

   A esos también ____justificó____.

   Versículo 30: a los que ____justificó____

   A esos también ____glorificó____.

2. Lea Efesios 1:4–6 y conteste lo siguiente:

   a. ¿Cuál ha sido el plan de Dios desde antes de la fundación del mundo? (verso 4)?

   ____"Que fuéramos santos y sin mancha delante de Él."____

   b. ¿Cuál es el propósito de Su plan de salvación? (verso 6)?

   ____"Para alabanza de la gloria de su gracia."____

La gracia es el "acto de amor y misericordia libre y soberana de Dios al conceder salvación a través de la muerte y resurrección de Jesús, aparte de lo que sean o hagan los hombres, y de Él sostener esa salvación para glorificación."[1] —John MacArthur

---

[1] Cita de la serie del Comentario del Nuevo Testamento MacArthur, Gálatas (Moody), © 1987 por John MacArthur.

B. Dios implementa Su plan de salvación

El Decreto de Dios de Revelar Su Plan

"Misterio que ha sido mantenido en secreto durante siglos sin fin, pero que ahora ha sido manifestado, y por las Escrituras de los profetas, conforme al mandamiento del Dios eterno, se ha dado a conocer a todas las naciones para guiarlas a la obediencia de la fe." —Romanos 16:25–26

1. ¿Cuál es el estado espiritual del hombre antes de la conversión (Efesios 2:1)?

   muertos en delitos y pecados

2. ¿Qué hará Dios concerniente al pecado (Juan 16:8)?

   "Convencerá al mundo de pecado, de justicia y de juicio."

3. ¿Qué se necesita antes de que alguien pueda conocer la verdad (2 Timoteo 2:25)? __Arrepentimiento__

4. ¿Quién lo concede? _____Dios_____

5. Lea Juan 1:12–13. ¿Quién nos concede el derecho de ser hijos de Dios (versículo 12)?
   _____Dios_____

Note que este derecho o privilegio no nos es concedido por:

- Nuestro nacimiento ("de sangre")

- Nuestros propios esfuerzos ("voluntad de la carne")

- Nuestra propia voluntad ("voluntad del hombre")

6. ¿Quién causa crecimiento en el creyente (1 Corintios 3:6)? _____" . . . Dios ha dado el crecimiento."

7. ¿Quién hará que la resurrección ocurra (1 Corintios 6:14)?

   "Dios, que resucitó al Señor, también nos resucitará a nosotros mediante su poder."

C. Dios culmina Su plan

1. Lea de nuevo Romanos 8:29. ¿A la imagen de quién seremos finalmente conformados?

   La imagen de Su Hijo (Jesucristo)

2. ¿Qué va a ocurrirle a cada creyente (Filipenses 3:20–21)?

   Seremos transformados a la conformidad de la gloria del cuerpo de Cristo.

3. ¿Cuál es el deseo de Cristo para todos aquellos que están en Él (Juan 17:24)?

   "Quiero que los que me has dado, estén también conmigo donde yo estoy,

   para que vean mi gloria, la gloria que me has dado."

II. La Conversión

Números 21:5–9 describe cómo los hijos de Israel pecaron contra Dios, y cómo Dios les envió serpientes que los mordieron y les causaron muerte. El pueblo se dio cuenta de su pecado y pidió el ser rescatado. Dios le instruyó a Moisés que pusiera una serpiente de bronce en un palo, y cuando alguien fuera mordido, pudiera ver a la serpiente colgada y ser salvo. De una manera esto ilustra la conversión; sin embargo, en vez de una serpiente en un palo, tenemos al Hijo de Dios en una cruz.

A. La convicción de pecado

1. ¿Qué le ha dado Dios a las personas para revelarles sus pecados (Romanos 3:20)?

   "Por medio de la ley viene el conocimiento del pecado."

2. Cuando el pueblo se dio cuenta del error que habían cometido crucificando a Cristo, ¿cómo se sintieron en sus corazones (Hechos 2:36–37)? "Al oír esto, compungidos de corazón, dijeron a Pedro y a los demás apóstoles: Hermanos, qué haremos?"

B. El Arrepentimiento del pecado

1. ¿Por qué el recaudador de impuestos le clamó a Dios en el templo (Lucas 18:13)?

   Él sabía que era pecador.

2. Lea 2 Corintios 7:9–10.

   a. ¿Qué produce la tristeza según Dios por el pecado (versículo 10)? arrepentimiento

   b. ¿A qué conduce (versículo 10)? salvación

Arrepentimiento significa alejarnos del pecado y volvernos a Dios.

C. Volviendo a Cristo

Cuando las personas que fueron mordidas por las serpientes miraban a la serpiente en el palo, ellos estaban ejerciendo fe en lo que Dios había dicho.

1. ¿Qué promesa se les ha dado a aquellos que claman al nombre del Señor (Romanos 10:13)?

   "Todo aquel que invoque el nombre del Señor será salvo."

2. Lea Romanos 10:8–10. La fe es requerida para la salvación.

   a. ¿Qué debe confesar usted (versículo 9)? "Jesus como Señor."

   b. ¿Qué debe creer usted (versículo 9)? "Creer en tu corazón que Dios le resucitó de entre los muertos."

La fe significa confiar en, aferrarse de, o abrazar a Jesucristo, que es el objeto de nuestra fe.

D. Convirtiéndose en siervos de la justicia

1. Lea Romanos 8:1–2.

   a. Para el creyente en Cristo, ¿cuál es el castigo por el pecado (verso 1)?

   "No hay ahora condenación para los que están en Cristo Jesús."

   b. ¿De qué es liberado el creyente (verso 2)? _"la ley del pecado"_ y _"la muerte"_

2. Luego de ser liberado del pecado, ¿en qué se convierte el creyente (Romanos 6:18)?

   "siervos de la justicia."

3. ¿Cuáles son los beneficios como resultado (Romanos 6:22)?

   "santificación, y como resultado, la vida eterna."

La santificación es el proceso de ser conformado a la imagen de Jesucristo.

III. La Evidencia de Salvación

Tres evidencias importantes de un verdadero creyente son: una fe que obra, un amor que trabaja, y una esperanza que perdura (1 Tesalonicenses 1:3–4).

A. Una fe que obra

1. ¿Qué revela una fe genuina?

   a. Santiago 2:18 _las obras de uno_

   b. 1 Pedro 1:6–7 _las pruebas; probado por fuego_

2. ¿Para qué preparó Dios a los creyentes (Efesios 2:10)? _las buenas obras_

3. ¿Qué dice Tito 3:8 que aquellos que han creído en Dios deberían hacer? ¿Por qué?

   "ocuparse en buenas obras. Estas cosas son buenas y útiles para los hombres."

B. Un amor que trabaja

1. Aparte de la fe, ¿qué más toma nota Dios en el creyente (Hebreos 6:10)?

   "vuestra obra y del amor que habéis mostrado hacia su nombre,

   habiendo servido, y sirviendo aún, a los santos."

2. ¿Cuál es la fuente de amor en la vida del creyente (Romanos 5:5)?

   "El amor de Dios ha sido derramado en nuestros corazones por medio del Espíritu Santo."

3. ¿Qué es cierto acerca de una persona que ha nacido de Dios (1 Juan 4:7–8)?

_____ "Amados, amémonos unos a otros, porque el amor es de Dios, y todo el que ama es_____

_____ nacido de Dios y conoce a Dios."_____

4. ¿Cómo puede un verdadero creyente mostrar amor (1 Juan 3:18–19)?

_____ "No amemos de palabra ni de lengua, sino de hecho y en verdad."_____

C. Una esperanza que perdura

1. ¿Quién dijo Jesús que sería salvo (Mateo 10:22)?

_____ "El que persevere hasta el fin, ése será salvo."_____

2. ¿Qué nos da la motivación para que perseveremos (1 Timoteo 4:10)?

_____ "Hemos puesto nuestra esperanza en el Dios vivo, que es el Salvador."_____

3. Describa la esperanza que el cristiano tiene.

a. Gálatas 5:5 _____ "la esperanza de justicia."_____

b. 1 Tesalonicenses 5:8 _____ "la esperanza de la salvación."_____

c. Tito 3:7 _____ "la esperanza de la vida eterna."_____

D. Las tres que perduran
¿Qué tres cosas notó Pablo de los Colosenses (Colosenses 1:4–5)?

1. _____ su fe en Cristo _____

2. _____ su amor por todos los santos _____

3. _____ su esperanza en las cosas guardadas para ellos en los cielos _____

IV. Aplicación

Dios es soberano en la salvación. El creyente no es llamado a la salvación por su propio mérito, sino por el propósito de Dios y su gracia. (Efesios 1:3–14).

A. Al darse cuenta que Dios lo ha elegido a usted para salvación, ¿cómo debiera usted de responder (Efesios 1:4)?

_____ "Debiéramos ser santos y sin mancha delante de Él."_____

B. ¿Cómo está usted exhortado a vivir (Romanos 6:12–13)?

"Por tanto, no reine el pecado en vuestro cuerpo mortal para que no obedezcáis sus lujurias; ni presentéis

los miembros de vuestro cuerpo al pecado como instrumentos de iniquidad, sino presentaos vosotros

mismos a Dios como vivos de entre los muertos, y vuestros miembros a Dios como instrumentos de justicia."

El verdadero creyente será convencido de pecado y se apartará de él. Él estará dispuesto a someterse a Dios y seguir a Cristo. El verdadero creyente exhibirá:

- Una fe que obra

- Un amor que trabaja

- Una esperanza que perdura

Esas tres cualidades están presentes en cada verdadero creyente y dan forma a la dirección de su vida.

Lea el Salmo 116:16–17. Comenzando hoy, ¿qué aplicación puede usted hacer?

_____(Las respuestas serán variadas)_____

_____

_____

_____

La Salvación

Objetivos de la Lección 6

1. Explicar que la salvación de una persona es una obra soberana de Dios.

2. Entender la conversión y sus evidencias.

3. Retar al estudiante en su propia salvación.

El Plan de Clase de la Lección 6

1. Repasar la depravación del hombre.

2. Discutir la soberanía de Dios en la salvación.

3. Discutir la responsabilidad del hombre en la salvación.

4. Repasar el proceso de conversión y la evidencia de una salvación genuina.

Preguntas Comunes de la Lección 6

Si Dios es soberano en la salvación, entonces ¿por qué es el hombre todavía responsable?

¿Cómo puedo saber si soy cristiano?

Esquema de Enseñanza Sugerido para la Lección 6

1. Calentamiento

Compruebe el éxito de los miembros de la clase en mantenerse al día con las tareas y asignaciones. Pregúnteles, *¿Han disfrutado de los mensajes de la página Web, y cómo lo han usado para prepararse para estas sesiones?*

2. La soberanía de Dios en la salvación (sección I)

El objetivo principal de esta lección es ver la salvación como una obra soberana de Dios. Sin embargo, para comprender que la salvación es únicamente una obra de Dios se requiere un entendimiento de que el hombre no tiene capacidad para salvarse a sí mismo. Por lo tanto, antes de lanzarnos en una discusión sobre la soberanía de Dios en la salvación, es importante repasar la depravación del hombre la cual vimos en la lección anterior.

A. La depravación del hombre

♦ Acusación de Dios contra los hombres—Romanos 3:10–12

◊ No hay justo

◊ No hay quien entienda

◊ No hay quien busque a Dios

◊ Todos se han desviado

◊ Inútiles

◊ No hay quien haga lo bueno

♦ La naturaleza caída de los hombres que no son salvos

◊ Alejados de Dios—Colosenses 1:21–22

◊ Espiritualmente muertos—Efesios 2:1–5

◊ Incapaces de salvarse a sí mismos—Romanos 5:6

La transición a la soberanía de Dios: Debido a la depravación del hombre, el hombre por sí mismo no hubiera podido ni podría encontrar a Dios. *Dios debe buscar al hombre.* Esto lleva a los alumnos a reconocer que la salvación es totalmente obra de Dios, cosa que usted hará hincapié en esta lección. Enfatice esto de una manera tal que lleve a los estudiantes a responder con acción de gracias (si son salvos), o a una oración para la salvación (si no lo son).

B. El plan soberano de Dios para la salvación (sección I, A)

Al mirar la soberanía de Dios en la salvación, usted necesita analizar la progresión de cómo Dios lleva a una persona a la salvación (es decir, el proceso de salvación). Por otra parte, es necesario discutir este proceso de salvación a la luz del conocimiento anticipado de Dios y de Sus propósitos. Finalmente, es necesario que usted hable sobre la responsabilidad del hombre a la luz de la elección soberana de Dios.

1. El proceso de salvación—Romanos 8:29–30 (sección I, A, 1)

Tome tiempo para llenar las respuestas basado en Romanos 8:29–30. Este pasaje está hablando sobre el proceso, o el plan, de salvación de una manera que enfatiza la soberanía y dirección de Dios. Note los cinco eslabones en la cadena: conoció de antemano, predestinó, llamó, justificó, y glorificó. Estas palabras puede que sean nuevas para los estudiantes así que asegúrese de que usted les ayude a entender lo que cada término significa.

Al repasar el pasaje de Romanos:

* Pregunte, *¿Qué frase se repite cuatro veces?* Respuesta: "El también."

* Pregunte, *¿Qué es importante acerca de esta frase?* Respuesta: La cadena es irrompible; una vez que el proceso ha comenzado será completado. Aquellos a quienes Dios ha llamado a la salvación responderán y serán glorificados con Él en el cielo. Esta es una promesa de la seguridad de nuestra salvación.

* Pregunte, *¿Cuál es el tiempo de estas cuatro acciones?* Respuesta: Cada una está en tiempo pasado. Esto es importante porque la salvación del creyente está escrita en la eternidad con Dios.

* Pregunte, *¿Quién lleva a cabo cada una de las acciones?* Respuesta: Dios.

* Pregunte, *¿Por qué es esto importante?* Respuesta: La salvación es una obra de Dios y solo Dios. Enfatice que la fe al arrepentirse es el primer paso que damos en respuesta a el llamado de Dios, y aun nuestra fe es un regalo de Dios (2 Pedro 1:1).

2. El conocimiento de antemano de Dios—1 Pedro 1:1–2

Lleve a los estudiantes a 1 Pedro 1:1–2 y vean donde dice la frase "de antemano conoció". Ésta proviene de la palabra griega *proginosko*, que está asociada a la preposición griega *pro* (de antemano) y *ginosko* (conocer de una manera íntima). A menudo, los nuevos creyentes pueden pensar que el conocimiento de antemano de Dios simplemente significa "saber algo de antemano", como si la vida fuera una película y Dios ya sabe el final. Explique que esta frase va más profundo de ahí. Ésta implica un conocimiento íntimo sobre los detalles de nuestras vidas porque Dios es soberano sobre nuestras vidas. Es más que sólo saber lo que va a suceder, es planificarlo antes de nosotros nacer.

Nota: Muchas personas tratan de explicar la elección de Dios para la salvación de algunos declarando que debido a Su conocimiento de antemano Él miró hacia el futuro y vio quien creería. Sin embargo, esto no es bíblico. Esto asume que el hombre tiene la capacidad de buscar a Dios y de creer por su propia cuenta. Esto viola el hecho de que el hombre no regenerado es totalmente depravado, muerto espiritualmente y nunca buscaría de Dios. Este punto de vista también socava la soberanía y gracia de Dios en la salvación.

■ En Su omnisciencia Dios ciertamente es capaz de ver al final de la historia y más allá y saber de antemano el detalle más mínimo de los acontecimientos insignificantes. Pero es anti bíblico e ilógico el argumentar a partir de esa verdad de que el Señor se limitó a mirar hacia delante para ver quién creería y luego eligió a esos individuos para la salvación.

Si eso fuera verdad, la salvación no sólo comenzaría por la fe del hombre sino que también esto forzaría a Dios a concederla. Bajo este esquema, la iniciativa de Dios sería eliminada y Su gracia sería anulada.[1]

John MacArthur

3. El propósito de Dios al escoger a algunos para salvación (sección I, A, 2b)

Pídale a uno de los estudiantes que lea Efesios 1:4–6 y discuta los siguientes puntos:

- Él eligió para alabanza de la gloria de Su gracia—Efesios 1:6
- Él escogió de acuerdo a Sus propósitos (también vea 2 Timoteo 1:9)

Nota: ¿Y quiénes somos nosotros para argüir de que Su decisión es injusta (Romanos 9:14–23)?

4. La responsabilidad del hombre en la salvación (suplemento a la lección)

Aunque Dios es soberano al escoger aquellos que serán salvos, el hombre aun es responsable por su pecado y rechazo de Cristo. Estas son dos verdades que crean tensión en nosotros. Es decir, que a la luz de la elección soberana de Dios de algunos para la salvación:

- Dios ofrece un llamado abierto—Juan 3:16; Romanos 10:11–13
- El hombre es responsable por su incredulidad—Juan 3:18
- El hombre es responsable por no obedecer el evangelio—2 Tesalonicenses 1:8–9
- El hombre no se salva porque no está dispuesto a venir—Mateo 23:37; Juan 5:39–40

Nota: La soberanía de Dios y la responsabilidad del hombre son vistas lado a lado en Lucas 22:22. Dios determinó que Judas traicionaría a Cristo y sin embargo, Judas es hecho responsable.

---

[1] Cita del Comentario MacArthur del Nuevo Testamento: *Romanos* 1–8 (Moody), © 1999 por John MacArthur.

> ■ Desde la eternidad, la Palabra de Dios ha invariablemente cumplido Su objetivo divino, el cual siempre ha incluido Su deseo amoroso de que ningún humano se pierda sino que "todos vengan al arrepentimiento" (2 Pedro 3:9).
>
> Esta verdad maravillosa es un equilibrio para el gran énfasis que Pablo ha estado colocando en la soberanía de Dios (véase, por ejemplo, Romanos 9:6–26). Aunque las dos verdades parecen ser mutuamente excluyentes para nuestras mentes finitas, la decisión soberana de Dios de quién se salva es, en Su mente infinita, perfectamente consistente con Su promesa de que cualquiera que cree en Él no será defraudado.[2]
>
> John MacArthur

C. Dios implementando y culminando Su plan de salvación (secciones I, B y I, C)

Esta sección trata de Dios llevando a cabo Su plan de salvación. Guíe a la clase a través de los siguientes pasos de salvación. Note como cada paso envuelve la iniciativa de parte de Dios. Dios inicia, Dios implementa, y Dios culmina Su plan:

- ◆ Dios llama a uno a salvación—Romanos 8:29–30
- ◆ Dios atrae a uno a Sí mismo—Juan 6:44
- ◆ El Espíritu Santo convence de pecado—Juan 16:8–9
- ◆ Dios concede el arrepentimiento—2 Timoteo 2:25; Hechos 11:18
- ◆ Dios da a uno la fe para creer—2 Pedro 1:1; Filipenses 1:29; Efesios 2:8–9
- ◆ Dios justifica al creyente—Romanos 4:25–5:1
- ◆ El Espíritu Santo lava y regenera—Tito 3:5
- ◆ Dios promete glorificar—Romanos 8:30; Filipenses 3:20–21.

Enfatice que cada aspecto de la salvación de una persona es un trabajo de Dios.

D. La parte del hombre en la salvación

La parte del hombre en el proceso de la salvación es sólo para responder al llamado de Dios.

> ■ Lo único que una persona puede hacer que tendrá parte en la salvación es el ejercer fe en lo que Jesucristo ha hecho por ella.
>
> Cuando aceptamos la obra finalizada de Cristo por nosotros, actuamos por la fe suplida por la gracia de Dios. Ése es el acto supremo de la fe humana, el acto que, a pesar de que es nuestro, es ante todo de Dios, Su regalo para nosotros de Su gracia. Cuando una persona se atraganta o se ahoga y deja de respirar, no hay nada que se pueda hacer. Si alguna vez vuelve a respirar será porque alguien comienza su respiración. Una persona que está espiritualmente muerta no puede ni siquiera tomar una decisión de fe, a menos que Dios primero respire en ella aliento de vida espiritual. La fe es simplemente el respirar el aliento que la gracia de Dios suple. Sin embargo, la paradoja es que debemos ejercerla y asumir la responsabilidad si no lo hacemos (cf. Juan 5:40).[3]
>
> John MacArthur

---

[2] Cita del Comentario MacArthur del Nuevo Testamento: *Romanos* 9–16 (Moody), © 1999 por John MacArthur.

[3] Cita del Comentario MacArthur del Nuevo Testamento: *Efesios* (Moody), © 1986 por John MacArthur.

Transición: Tenga en cuenta que desde el punto de vista del hombre, la salvación será acompañada por un quebrantamiento por el pecado (Lucas 18:13) y una confesión de Cristo como Señor (Romanos 10:9–10). Esto nos lleva a una discusión sobre la verdadera conversión y las marcas de un verdadero creyente.

3. Conversión (sección II)

La conversión comienza cuando Dios inicia el llamado o la atracción de uno a Sí mismo (Juan 6:44). Este llamado es similar al de una red (Juan 21:6) así como uno es atraído por un poder interno y un impulso divino. Dios atrae a los hombres a Sí mismo de acuerdo con su beneplácito. Él hace esto, claro, a través de la predicación del evangelio o la lectura de Su palabra, y la convicción de pecado por el Espíritu Santo.

Pregunte, *¿Cuál es la diferencia entre el llamado externo del evangelio, que muchos podrán oír, y el llamado interno del evangelio, que el Señor usa para convertir a la gente?* Respuesta: *Muchos podrán escuchar el mensaje del evangelio, pero sólo algunos responderán a la convicción del mensaje en su corazón a medida que Dios los atrae a Sí mismo.*

El internalizar el mensaje del evangelio comienza con una convicción y un reconocimiento de que el diagnóstico del evangelio de nuestra condición espiritual es verdadero. Una verdadera conversión incluye una convicción y un quebrantamiento por el propio pecado de uno ante un Dios santo y es acompañado por un deseo de arrepentirse, volverse de sus pecados, y seguir a Cristo. Para enfatizar estos puntos, repase las secciones II, A hasta II, C de la lección, y discuta la naturaleza de la verdadera convicción de pecado, arrepentimiento, y fe.

A. La naturaleza de la verdadera convicción de pecado y arrepentimiento (secciones II, A hasta II, C)

El verdadero arrepentimiento es mucho más que tener sentimientos negativos sobre el propio pecado. El verdadero arrepentimiento implica un cambio de mentalidad, pesar por el pecado, y en última instancia, "volverse del pecado a Dios."

♦ El verdadero arrepentimiento incluye una tristeza santa sobre el pecado—repase la sección II, B

♦ El verdadero arrepentimiento incluye el volverse a Cristo y confesarle como Señor—repase la sección II, C

B. La naturaleza de la verdadera fe salvadora (final de la sección II, C)

La fe significa confiar en, aferrarse a, o abrazar a Jesucristo, quien es el objeto de nuestra fe. Como veremos en la sección III de esta lección, la verdadera fe está marcada por buenas obras (Santiago 2:19).

C. Los resultados de una conversión verdadera (sección II, D)

Una verdadera conversión resulta en uno ser liberado de la carga de ser un esclavo al pecado (Juan 8:34) y convertirse en un esclavo de la justicia (Romanos 6:18). Discuta esta verdad importante con la clase.

Nota: Cubra el hecho de que esto no quiere decir que los cristianos no pecarán. Los cristianos seguirán pecando; es una lucha entre la carne pecaminosa y la naturaleza nueva del cristiano (Romanos 7:15–25). Sin embargo, el cristiano no deseará pecar y no lo disfrutará. La marca distintiva es la lucha contra el pecado. ¿Ama esa persona a Cristo y odia el pecado?

4. Evidencia de la salvación (sección III)

Esta sección está construida con el propósito de retar a los estudiantes a examinar la validez de su salvación. La verdadera salvación nunca carece de una fe verdadera, un amor verdadero y una esperanza verdadera. Analice esta sección notando que:

♦ Una *fe* verdadera siempre será marcada por buenas obras y será probada con tribulaciones.

♦ Un *verdadero* amor será manifestado en buenas acciones para con los demás.

♦ Una *esperanza* verdadera siempre perdura hasta el final.

5. Aplicación (sección IV)

A. La seguridad de la salvación

Concluya la lección leyendo Romanos 8:29–30 y pidiéndole a los estudiantes que reflexionen sobre la verdad de que su salvación es una obra soberana de Dios y por lo tanto está asegurada:

♦ Protegida por el poder de Dios—1 Pedro 1:3–5

♦ Dios terminará lo que El comenzó—Filipenses 1:6

♦ Usted puede saber que tiene vida eterna—1 Juan 5:13

♦ Nada lo puede separar de Dios—Romanos 8:38–39

Su salvación no puede ser perdida:

♦ Dios lo predestinó para ser salvo.

♦ Dios lo ha llamado y lo ha atraído a Sí mismo.

♦ Dios lo ha convencido de pecado.

♦ Dios le ha concedido la fe para creer.

♦ Dios le ha concedido arrepentimiento.

♦ Dios lo ha justificado.

♦ Dios lo ha sellado con el Espíritu Santo (la próxima lección).

♦ Dios lo ha hecho una nueva creación.

♦ Dios promete glorificarlo.

Punto: Un verdadero creyente en Cristo no puede perder su salvación.

B. Nuestra respuesta

Para este punto en la clase, esperamos que ya se haya establecido una verdadera atmósfera de apertura. Invite a los estudiantes a compartir sus repuestas del Salmo 116:16–17.

■ Nosotros no podemos entender cómo Dios nos eligió para salvación pero sólo podemos darle gracias a Él por "Su gracia que gratuitamente ha impartido sobre nosotros en el Amado." (Efe. 1:6). Nosotros sólo podemos creer y estar por siempre agradecidos de que fuimos llamados "por la gracia de Cristo" (Gal. 1:6) y que "los dones y el llamamiento de Dios son irrevocables." (Rom. 11:29).[4]

John MacArthur

[4] Quote from The MacArthur New Testament Commentary series: *Romans 1–8* (Moody), © 1999 by John MacArthur.

La Persona y el Ministerio del Espíritu Santo

Prepárese para su Asignación

1. Descargue el mensaje #7, "Sed Llenos del Espíritu" de www.moodyurban.com/fdlf.

2. Use su cuaderno para tomar notas del mensaje.

3. Trabaje en las preguntas y tareas de las siguientes páginas.

Memorice Juan 14:16

Y yo rogaré al Padre, y os dará otro Consolador, para que esté con vosotros para siempre.

El Espíritu Santo es Dios. La Biblia lo identifica como una de las tres Personas existiendo como un Dios—esto es, Dios el Padre, Dios el Hijo, y Dios el Espíritu Santo. En esta lección, estudiaremos quién es el Espíritu Santo y lo que Su presencia y ministerio son en la vida del creyente.

I. El Espíritu Santo Es una Persona

A. Reconocido como una persona

Pronombres personales como "Él" se usan para referirse al Espíritu Santo en vez de "eso." Liste el número de veces que "Él" es usado en Juan 14:17 para referirse al Espíritu Santo.

_____ 3 (La Biblia de las Américas), 4 (Reina Valera) _____

B. Atributos de Su personalidad

1. **Intelecto.** Él posee la habilidad de saber y entender la realidad.

   a. Romanos 8:27: El Espíritu Santo tiene una __mente.__

   b. 1 Corintios 2:10: El Espíritu Santo _todo lo escudriña,_ _____ aun las profundidades de Dios._

   c. 1 Corintios 2:11: El Espíritu Santo sabe _____ los _____ pensamientos de Dios

2. **Emoción.** El posee la habilidad de experimentar emoción.

   Escriba la emoción atribuida al Espíritu Santo en Efesios 4:30. _____ tristeza _____

3. **Voluntad.** El posee la habilidad de determinar o actuar decisivamente.

   Liste la decisión o juicio en que el Espíritu Santo demuestra Su atributo de voluntad.

   a. 1 Corintios 12:7, 11 _____ según la voluntad de Él _____

   b. Hechos 13:2 _apartando a Bernabé y Saulo para_ _____ una obra y ministerio especifico

II. El Espíritu Santo es Dios

A. Atributos

El Espíritu Santo: Atributos de Deidad		
Omnisciente	Lo sabe todo	Isaías 40:13–14
Omnipresente	Presente en todos lados	Salmo 139:7
Eterno	Sin principio ni fin	Hebreos 9:14
Verdad	Veracidad; integridad	1 Juan 5:7; Juan 16:13

B. Afirmaciones de deidad

1. Escriba la afirmación clave que muestra que el Espíritu Santo es Dios (2 Corintios 3:17).

   <u>"El Señor es el Espíritu."</u>

2. De acuerdo a Hechos 5:3–4, el mentirle al Espíritu Santo es lo mismo que mentirle a <u>Dios</u>.

III. La Obra del Espíritu Santo

A. De acuerdo al Salmo 104:30, el Espíritu Santo estuvo activo en la <u>creación</u>.

B. 2 Pedro 1:20–21 nos dice que el Espíritu Santo estuvo también activo en <u>profecía; la inspiración de las Escrituras</u>

El Espíritu Santo da Testimonio de Cristo	
Atestigua que Jesús es el Cristo	Juan 15:26
Nos revelará a Cristo	Juan 16:14
No hablará de Sí mismo	Juan 16:13

IV. El Ministerio del Espíritu Santo en la Salvación

Una de las áreas más importantes de la obra del Espíritu Santo tiene que ver con respecto al plan de salvación de Dios.

A. ¿Qué obra especial hace el Espíritu Santo (Juan 16:7–8)?

<u>convencerá al mundo de pecado, de justicia y de juicio</u>

B. ¿A través de quién son los pecadores nacidos en el reino de Dios (Juan 3:5–8)?

<u>El Espíritu Santo</u>

C. ¿Qué obra hace el Espíritu Santo cuando una persona es salvada?

1. Tito 3:5–6 _____ regeneración y renovación _____

2. 1 Corintios 12:13 _____ "Pues por un Espíritu todos fuimos bautizados en un cuerpo." _____

El bautismo del Espíritu ocurre sólo una vez—al momento de la salvación.

D. ¿Cómo garantiza el Espíritu Santo la salvación del creyente (Efesios 1:13–14)?

"En El también vosotros, después de escuchar el mensaje de la verdad, el evangelio de vuestra

salvación, y habiendo creído, fuisteis sellados en El con el Espíritu Santo de la promesa, que nos es

dado como garantía de nuestra herencia, con miras a la redención de la posesión adquirida de Dios,

para alabanza de Su Gloria."

El Sellado del Espíritu Santo[1]

Un sello era un dispositivo antiguo, usualmente un anillo o un sello cilíndrico con el nombre del dueño o con un diseño particular. Era usado para sellar materiales, para demostrar propiedad, para confirmar la autenticidad de un documento, o para crear una marca autoría.

Un sello indica propiedad y seguridad. Es la garantía de bendiciones futuras. ¡La presencia del Espíritu Santo en nuestras vidas es la promesa de Dios de nuestra heredad en el futuro! ¡Qué maravillosa seguridad!

V. El Ministerio del Espíritu Santo en la Vida del Creyente

A. ¿Cuál es la relación entre el Espíritu Santo y el creyente (Romanos 8:9)?

"el Espíritu de Dios habita en vosotros."

B. ¿Es posible ser cristiano y que el Espíritu Santo no more en uno? _____ No _____

C. ¿Cuál es otro ministerio del Espíritu Santo en la vida del creyente (1 Corintios 2:12–13)?

Él nos enseña acerca de las cosas de Dios.

---

[1] Descripción de un sello tomado de *La Enciclopedia Zondervan Pictórica de la Biblia,* Volumen 5, ed. Merrill C. Tenney, © 1975, 1976 por The Zondervan Corporation. Usado con permiso.

D. ¿Qué exhortaciones se les da a los creyentes acerca del Espíritu Santo?

1. Efesios 4:30 _____ "No entristezcáis al Espíritu Santo de Dios." _____

2. 1 Tesalonicenses 5:19 _____ "No apaguéis el Espíritu." _____

3. Efesios 5:18 _____ "Sed llenos del Espíritu." _____

Llenarse del Espíritu Santo

El llenarse del Espíritu Santo significa estar bajo Su total dominio y control . . . . El llenarse del Espíritu Santo involucra la confesión de pecados, la rendición de la voluntad, intelecto, cuerpo, tiempo, talento, posesiones, y deseos. Esto requiere la muerte del egoísmo y la voluntad propia. . . . El ser llenados con el Espíritu de Dios es el ser llenados con Su Palabra. Y mientras somos llenados con Su Palabra, ella controla nuestro pensamiento y acción.[2] —John MacArthur

---

E. ¿Cómo se aparta el cristiano del pecar (Gálatas 5:16)? _____ Andando en el Espíritu. _____

F. Cuando un creyente es llenado con el Espíritu Santo, él exhibirá el fruto del Espíritu. Lea Gálatas 5:22–23 y liste estas cualidades aquí abajo:

1. _____ amor _____   6. _____ bondad _____

2. _____ gozo _____   7. _____ fidelidad _____

3. _____ paz _____   8. _____ mansedumbre _____

4. _____ paciencia _____   9. _____ dominio propio _____

5. _____ benignidad _____

¿Está usted exhibiendo esas cualidades en su vida?

---

[2] Cita del Comentario MacArthur del Nuevo Testamento, *Efesios* (Moody), © 1986 por John MacArthur.

VI. Aplicación

En 1 Corintios 6:19–20, el apóstol Pablo escribe: "¿O no sabéis que vuestro cuerpo es templo del Espíritu Santo, que está en vosotros, el cual tenéis de Dios, y que no sois vuestros? Pues por precio habéis sido comprados; por tanto, glorificad a Dios en vuestro cuerpo y en vuestro espíritu, los cuales son de Dios."

A. ¿Qué significado tiene esto para usted?

(Las respuestas serán variadas)

_____

_____

_____

B. ¿Qué tiene que hacer usted para glorificar a Dios con su cuerpo?

(Las respuestas serán variadas)

_____

_____

_____

La Persona y el Ministerio del Espíritu Santo

Los Objetivos de la Lección 7

1. Recalcar en el estudiante que el Espíritu Santo es una persona.

2. Proveerle al estudiante un entendimiento de la deidad esencial del Espíritu Santo.

3. Explicar la Trinidad.

4. Analizar el rol del Espíritu Santo en la vida del cristiano.

El Plan de Clase para la Lección 7

1. Inspeccionar la evidencia bíblica para la persona del Espíritu Santo.

2. Ver brevemente la deidad del Espíritu Santo e introducir la doctrina de la Trinidad.

3. Ver el ministerio del Espíritu Santo, incluyendo el sellado, bautismo y el llenado del Espíritu Santo.

Nota: Posponga las preguntas acerca de los dones espirituales para la lección #10.

Preguntas Comunes de la Lección 7

¿Cómo pueden tres personas distintas ser un Dios?

¿Cuál es la diferencia entre el bautismo del Espíritu Santo y el llenado del Espíritu Santo?

Nota: Espíritu de Gracia—Hebreos 10:29; el Padre es llamado el Dios de toda gracia (1 Pedro 5:10).

Esquema de Enseñanza Sugerido para la Lección 7

1. Calentamiento

Use sus notas de cuando oyó el mensaje acerca del Espíritu Santo para que tenga una idea de lo que los estudiantes están reteniendo de los mensajes grabados. Pregunte, *¿Qué cosas del mensaje en línea de esta lección a usted le llamó la atención?*

2. Transición a la lección

En esta lección primero veremos al Espíritu Santo como la tercera persona de la Trinidad. Él es una persona separada del Padre y del Hijo, pero aun así completamente Dios. Segundo, veremos el ministerio del Espíritu Santo en la creación, en la inspiración de las Escrituras, y en el proceso de salvación. Finalmente, terminaremos con una discusión sobre la diferencia entre el bautismo del Espíritu Santo y la llenura del Espíritu Santo.

Primero, veamos al Espíritu Santo como la tercera persona de la Trinidad.

3. El Espíritu Santo es una persona (sección I)

Las personas no tienen problema entendiendo que el Espíritu Santo es Dios, ya que el Espíritu Santo es referido como el Espíritu de Dios (Mateo 3:16). Sin embargo, ellos sí tienen dificultad entendiendo que el Espíritu Santo es una persona. Por lo tanto, es importante el enfatizar que el Espíritu Santo es una persona independiente, no una emanación o una fuerza.

A. El Espíritu Santo es una persona independiente, separada del Padre y del Hijo.

Pídale a sus estudiantes que lean Juan 14:26 (no está en la lección) y hagan la observación de que allí hay *tres personas separadas* mencionadas ahí—el Espíritu Santo, el Padre, y Cristo.

Repase el versículo a memorizar, Juan 14:16, y note que el Espíritu Santo es referido como otro ayudador, *separado de Cristo y del Padre*, también mencionado en el versículo.

Pídale las respuestas de I, A a los estudiantes. Pregunte, *¿cuál es el significado que se refieren al Espíritu Santo como "Él" y no como "Eso"?*

B. El Espíritu Santo posee atributos de una persona.

Discuta I, B, haciendo énfasis en que el Espíritu Santo posee una *mente* con la habilidad de pensar, de sentir *emoción* y puede ser contristado, y una *voluntad* demostrada en Su capacidad de tomar decisiones.

C. Al Espíritu Santo se le puede responder (suplemento a la lección).

Como persona el Espíritu Santo puede ser:

- ◆ Obedecido—Hechos 10:19–21

- ◆ Resistido—Hechos 7:51

- ◆ Mentido—Hechos 5:3

- ◆ Insultado—Hebreos 10:29

- ◆ Contristado—Efesios 4:30

- ◆ Blasfemado—Marcos 3:28–29

D. El Espíritu Santo demuestra las acciones de una persona (suplemento a la lección).

- ◆ Habla—Hecho 8:2

- ◆ Enseña—Juan 14:26

- ◆ Distribuye dones espirituales—1 Corintios 12:11

- ◆ Convence de pecado—Juan 16:8

- ◆ Busca—1 Corintios 2:10

- ◆ Testifica—Juan 15:26

- ◆ Guía y dirige—Hechos 16:6–7

4. El Espíritu es Dios (sección II).

Como mencionamos antes, los estudiantes normalmente no tienen problema aceptando que el Espíritu

Santo es Dios; sin embargo, es bueno cubrir esta información como introducción a la Trinidad.

A. Atributos de la deidad (sección II, A)

Saque tiempo para comparar los atributos del Espíritu Santo con los de Dios (lección #3) y con los de Jesucristo (lección #4).

B. Afirmación de deidad (sección II, B)

Haga nota de comparación en Hechos 5:3–4 de que mentirle al Espíritu Santo es lo mismo que mentirle a Dios.

C. Títulos divinos (suplemento a la lección)

Sirve de ayuda el notar que el Espíritu Santo es mencionado con títulos reservados para Dios.

Espíritu de verdad—1 Juan 5:6

- Espíritu de vida—Romanos 8:2
  Nota: Jesús es llamado la verdad y la vida (Juan 14:6).

- Agua de vida—Juan 7:38–39
  Nota: Jesús es llamado el pan de vida (Juan 6:51); el Padre es llamado el Padre que vive (Juan 6:57).

- Espíritu de gloria—1 Pedro 4:14
  Nota: Jesús es llamado el Señor de gloria (1 Corintios 2:8); el Padre es llamado el Padre de gloria (Efesios 1:17).

- Espíritu Santo—Mateo 1:18 (y cientas de otras veces)
  Nota: La Santidad es el atributo más repetido de Dios.

5. La Trinidad (suplemento a la lección)

Para este punto ya la deidad del Padre (lección #3), el Hijo (lección #4), y el Espíritu Santo (esta lección) han sido enseñadas. También, en la lección #3 se dijo claramente que sólo hay un Dios. Esta lección también ha enseñado que el Espíritu Santo es una persona independiente, así como lo son el Padre y el Hijo.

Por lo tanto, aunque la palabra Trinidad no se encuentra en la Biblia, juntando todo lo que hemos aprendido hasta ahora, la doctrina de la Trinidad es claramente enseñada en la Biblia: *Hay un Dios viviente y verdadero existiendo eternamente en tres Personas, el Padre, el Hijo, y el Espíritu Santo. Ellos son co-iguales, co-eternos, y de la misma esencia, y por lo tanto, cada uno merece adoración y obediencia.*

A. Repaso de pasajes claves

- ♦ Sólo hay un Dios—Isaías 43:10; 45:22

- ♦ Aun así Dios se refiere a Sí mismo como NOSOTROS y NUESTRO—Génesis 1:26a; 3:22

- ♦ El Padre es Dios—Juan 6:27

- ♦ Cristo es Dios—Tito 2:13; Juan 1:1, 14; 8:58

- ♦ El Espíritu Santo es Dios—Hechos 5:3–4

- ♦ Los tres son distintos del uno al otro.

  - En el bautismo de Cristo—Marcos 1:10–11

  - Afirmaciones trinitarias—2 Corintios 3:14; 1 Pedro 1:2; 1 Corintios 12:4–6; Mateo 28:19

B. Diferentes funciones dentro de la Trinidad

Dios el Padre, el Hijo, y el Espíritu Santo son iguales en esencia pero diferentes en función:

Dios el Padre	De quien procede toda revelación; el que llevó a cabo nuestra salvación de antemano y demostró Su amor a nosotros al entregar a Su único Hijo.
Dios el Hijo	El Dios encarnado que se dio a Sí mismo como sacrificio para el pecado y ahora intercede y media entre el Padre y el hombre.
Dios el Espíritu	Mora en cada creyente y trabaja para santificar al creyente a través de la iluminación de la Palabra de Dios.

6. La obra del Espíritu Santo (sección III)

Las últimas secciones de la lección hablan sobre la obra y el ministerio del Espíritu Santo. Esta sección mira el trabajo del Espíritu Santo en la creación, en proveer la Escritura, y en atestiguar a la persona y a la obra de Jesucristo. La obra del Espíritu Santo en la inspiración de la Escritura fue vista en la lección #1 y el rol del Espíritu Santo en la salvación será expandido en la siguiente sección. Por lo tanto, en esta sección usted necesita hablar sobre el rol del Espíritu Santo en la creación:

♦ El Espíritu Santo estaba activo en la creación—Salmo 104:29–30; Génesis 1:1–2

♦ El Espíritu estaba activo en el nacimiento virgen—Lucas 1:35

7. El ministerio del Espíritu Santo en la salvación (sección IV)

Esta sección trata con el rol activo que el Espíritu Santo juega en el proceso de la salvación. Usted debe explicar cada una de estas actividades. La mayoría de ellas son cubiertas en esta lección. Usted debe prestar atención especial a la morada, el bautismo, y el sellado del Espíritu Santo.

A. El rol del Espíritu Santo en la salvación

♦ Convicción de pecado—Juan 16:7–8 (sección IV, A)

♦ Reconocimiento de Cristo como Señor—1 Corintios 12:3

♦ Regeneración—Tito 3:5–6 (sección IV, C, 1)

♦ Mora dentro del creyente—Romanos 8:9 (sección V, A); también en 1 Corintios 3:16; 6:19; 2 Corintios 6:16

♦ Bautismo del Espíritu Santo—1 Corintios 12:13 (sección IV, C, 2)

♦ Sellado del Espíritu Santo—Efesios 1:13–14 (sección IV, D); también 2 Corintios 1:21–22

♦ Santificación—1 Pedro 1:2

B. El bautismo del Espíritu Santo

Hay mucha confusión sobre el bautismo del Espíritu Santo y la llenura del Espíritu Santo. Muchas veces los dos son confundidos como si fueran lo mismo. No lo son. Por lo tanto, usted necesita distinguir bien entre los dos.

Nota: La llenura del Espíritu Santo es cubierta en la sección próxima de esta lección.

El bautismo del Espíritu Santo:

- ♦ Ocurre una vez al momento de conversión—Efesios 4:4–6

- ♦ Planta al creyente en el cuerpo de Cristo—1 Corintios 2:13

- ♦ Involucra el recibir al Espíritu Santo como un sello y promesa—Efesios 1:13–14

Bautizar significa literalmente "sumergir" o "ser inmerso en". En este caso significa ser inmerso en Jesucristo, lo que literalmente significa estar unido con Cristo. Como resultado, los cristianos caen debajo del liderazgo de Jesucristo y son puestos en el lugar de privilegio y bendición de parte de Dios.

Es importante enseñarles a los estudiantes:

- ♦ No hay nunca un mandato de que el Espíritu Santo more en uno.

- ♦ No hay un mandato a ser sellados con el Espíritu Santo.

- ♦ No hay un mandato a ser bautizados con el Espíritu Santo.

El bautismo en el Espíritu es algo que Dios hace, ¡no el hombre! Sin embargo, somos mandados por Dios a ser llenos con el Espíritu—Efesios 5:18. (Esto será discutido en la próxima sección.)

C. El sellado del Espíritu Santo

Muchos nunca han sido expuestos a lo que es el sellado del Espíritu Santo. Usted necesita explicar que el sellado del Espíritu Santo es lo mismo que el recibir al Espíritu Santo en el momento de salvación. La presencia del Espíritu Santo que mora en la vida del creyente es evidencia de que él pertenece a Dios. Asegúrese de cubrir la definición del sellado del Espíritu Santo al final de la sección IV, D.

8. El ministerio del Espíritu Santo en la vida del creyente (sección V)

La sección final de la lección trata con el ministerio del Espíritu Santo en la vida del cristiano en el área de enseñar o iluminar las Escrituras, y en guiar al cristiano mientras él se somete al control del Espíritu. La atención de esta sección debe ser concentrada en discutir la llenura del Espíritu Santo, el cual ha sido malentendido por muchos.

A. La llenura del Espíritu Santo (secciones V, D hasta V, F)

Ya hemos visto lo que *la llenura del Espíritu* no es:

- ♦ No es—ser bautizado por el Espíritu Santo.

- ♦ No es—tener al Espíritu Santo morando dentro de nosotros o el recibir el Espíritu Santo.

- ♦ No es—ser sellado o asegurado por el Espíritu Santo.

Ser lleno por el Espíritu Santo tampoco es una experiencia emocional; sino más bien, *es ceder al control del Espíritu.*

Pídales a los estudiantes que lean Efesios 5:17–19 (sección V, D) y note lo siguiente:

- ♦ Somos ordenados a ser llenos con el Espíritu Santo.

- ♦ El mandato está en el presente—mantenernos llenos; momento por momento.

- ♦ El significado predominante de "ser llenos" es el "ser controlado por" o "ser llevado por" el Espíritu—como un palo es llevado por una corriente de agua.

- ♦ Es comparado con el estar embriagado—o bajo la influencia de.

B. ¿Cómo es uno llenado con el Espíritu Santo?

Repase la cita de John MacArthur al final de la sección V, D sobre "Siendo Llenados con el Espíritu Santo."

El ser llenado con el Espíritu Santo involucra la confesión de pecados y la saturación de uno mismo con la Palabra de Dios. Esto tiene armonía con el hecho de que el *caminar en el Espíritu* y *el estar en pecado* están en oposición el uno al otro (Gálatas 5:16–17) y con el hecho de que Dios nos ha dado Su voluntad revelada en las Escrituras.

Compare Efesios 5:18–22 y Colosenses 3:16–18, notando que son pasajes paralelos. La única diferencia es que Efesios comienza con el mandato, "sed llenos con el Espíritu," y Colosenses comienza con el mandato, "la Palabra de Cristo more en abundancia en vosotros." Sin embargo, los resultados son los mismos. Por lo tanto, el ser llenos con la Palabra de Dios produce los mismos resultados que el ser lleno con el Espíritu.

Termine esta sección con una cita de John MacArthur:

■ *El ser llenos con el Espíritu* es vivir consciente de la presencia personal del Señor Jesucristo, como si estuviéramos parados al lado de Él, y dejar que Su mente domine nuestras vidas. Es llenarnos de la Palabra de Dios, para que Sus pensamientos sean nuestros pensamientos, Sus estándares nuestros estándares, Sus obras nuestras obras, y Su voluntad nuestra voluntad. *El estar conscientes de Cristo nos lleva a asemejarnos a la imagen de Cristo.*[1]

John MacArthur

9. Aplicación (sección VI)

La aplicación es muy práctica. La lección le pide al estudiante que reflexione sobre el hecho de que nuestros cuerpos son el templo del Espíritu Santo (1 Corintios 6:19–20). Discuta sus respuestas.

También, reflexione sobre los frutos del Espíritu en la sección V, E. Pídale a la clase que se autoexaminen para ver si ven estos frutos en sus vidas.

---

[1] Cita del Comentario MacArthur del Nuevo Testamento: *Efesios* (Moody), © 1986 por John MacArthur.

LA ORACIÓN Y EL CREYENTE

Prepárese para su Asignación

1. Descargue el mensaje #8, "Orando Incesablemente," de www.moodyurban.com/fdlf.

2. Use su cuaderno para tomar notas del mensaje.

3. Trabaje en las preguntas y tareas en las próximas páginas.

Memorice Filipenses 4:6–7

Por nada estéis afanosos; antes bien, en todo, mediante oración y suplica con acción de gracias, sean dadas a conocer vuestras peticiones delante de Dios. Y la paz de Dios, que sobrepasa todo entendimiento, guardará vuestros corazones y vuestras mentes en Cristo Jesús.

El propósito de la oración es de expresar nuestra sumisión a la soberanía de Dios y nuestra confianza en Su fidelidad. La oración es la manera en que nosotros expresamos todo lo que hay en nuestros corazones a nuestro Dios amoroso y sabio. La oración no es para darle información a Dios, ya que Dios lo sabe todo. La oración nos lleva a una comunión reverente con Dios, adorándole y reconociéndole como el dador de todas las cosas.

I. La Naturaleza de la Oración

A. **Para el creyente, la oración es una experiencia de aprendizaje la cual debe ser desarrollada en una disciplina espiritual.**

1. En Lucas 11:1, ¿qué le pidieron los discípulos a Jesús?

    "Enséñanos a orar."

2. Lea Romanos 8:26.

a. Según el apóstol Pablo, ¿quién nos asiste en nuestras oraciones? El Espíritu Santo: "no sabemos orar como deberíamos, pero el Espíritu mismo intercede por nosotros con gemidos indecibles."

b. A la luz de esto, ¿qué debemos hacer cuando no estamos seguros de sobre qué orar? Orar y expresar nuestra incertidumbre a Dios y confiar en que el Espíritu intercederá por nosotros.

B. **La oración es comunicación con Dios. La Escritura nos dice que Dios está muy interesado en nuestros problemas personales.**

1. ¿Qué dice el Salmo 34:15 acerca del Señor? Sus ojos están "sobre los justos, y sus oídos atentos a su clamor."

2. ¿Qué le trajo David a Dios en oración (Salmo 142:2)?

    sus quejas; sus angustias

3. ¿Cómo somos alentados a acercarnos a Dios (Hebreos 4:16)? <u>"Acerquémonos con confianza al trono</u>

<u>de la gracia."</u>

4. Aunque tenemos el privilegio de acceso, ¿qué advertencia nos da Eclesiastés 5:2? <u>"No te des prisa</u>

<u>en hablar, ni se apresure tu corazón a proferir palabra delante de Dios"; "sean pocas tus palabras."</u>

5. ¿Qué consuelo ofrece 1 Pedro 5:6–7 a los creyentes? <u>"echando toda vuestra ansiedad sobre El,</u>

<u>porque El tiene cuidado de vosotros."</u>

C. La oración es efectiva. Ella puede cambiar situaciones—y personas. Somos alentados a orar esperando resultados.

1. ¿Por quién oró la iglesia en Hechos 12:5? <u>Pedro, quien estaba en prisión</u>

2. ¿Cómo contestó Dios sus oraciones (Hechos 12:7)? <u>"Se le apareció un ángel del Señor, y una luz</u>

<u>brilló en la celda; y el ángel tocó a Pedro en el costado, y lo despertó diciendo: Levántate pronto.</u>

<u>Y las cadenas cayeron de sus manos."</u>

3. Aparte de respuestas, ¿qué más les concede Dios a aquellos que oran (Filipenses 4:6–7)?

<u>"la paz de Dios, que sobrepasa todo entendimiento."</u>

"La oración eficaz del justo puede lograr mucho." —James 5:16

II. La Práctica de la Oración

A. A través de la Biblia, Dios alienta y manda a los creyentes a perseverar en la oración.

1. En Lucas 18:1, los discípulos fueron enseñados que ellos siempre debían de orar y <u>no desmayar.</u>

2. ¿Cuál es la voluntad de Dios para los creyentes en Cristo Jesús (1 Tesalonicenses 5:17)?

<u>Que oren sin cesar.</u>

3. ¿Cuándo debieran de orar los creyentes (Efesios 6:18)? <u>en todo tiempo</u>

B. En la Biblia, usted descubrirá muchos puntos que le ayudarán a desarrollar la práctica de la oración.

1. En esta parábola en Lucas 11, ¿qué les enseñó Jesús a sus discípulos que esperaran si ellos persistían en oración (Lucas 11:5–10)? <u>"Todo el que pide, recibe; y el que busca, halla; y al que</u>

<u>llama, se le abrirá." (que sus oraciones serían contestadas.)</u>

■ Podemos comenzar a entender el orar sin cesar al mirar la vida de nuestro Señor ya que Él mismo hizo esto. Él obviamente estaba en constante comunión con el Padre. Y lo vemos levantándose temprano a orar. Lo vemos orando toda la noche. Debió de ser una comunión sin fin y sin parar entre Él y el Padre. Hebreos nos dice que Él ofreció oraciones y súplicas con lloro y lágrimas. Eso es un detalle fascinante. Había una intensidad en las oraciones de Jesús que es absolutamente única, que es absolutamente sorprendente. Cuando Él oró varias veces, había una gran agonía. Y podemos asumir que aunque la Escritura no nos comparte cada detalle de todas Sus oraciones, ellas tenían el mismo grado de intensidad que aquellas oraciones que sí vemos y nos han sido reveladas en el texto. Cuando la Biblia nos dice que Él salió al Monte de los Olivos y que oró toda la noche, había sin duda una clase de intensidad en ese tipo de oración de la cual nosotros sabemos muy poco, o quizás nada.

John MacArthur

2. ¿Qué enseña Jesús como requerimiento para una oración respondida (Juan 15:7)? <u>"Si permanecéis en mí, y mis palabras permanecen en vosotros, pedid lo que queráis y os será hecho."</u>

3. Según 1 Juan 5:14, ¿cuál es nuestra confianza según oramos? <u>"si pedimos cualquier cosa de acuerdo a su voluntad, El nos oye."</u>

El modelo de Jesús para la oración: Mateo 6:9–13

Orarle a Dios..Padre nuestro que estás en los cielos

Exaltarlo, diciendo....................................Santificado sea tu nombre

Someterse a Él, orando............................Venga Tu reino, hágase Tu voluntad

Mirar hacia Él, buscando........................Nuestro pan de cada día(sustento)

Confesarle, rogando.................................Perdónanos nuestras ofensas(pecados)

Depender de Él, pidiéndole....................No nos metas en tentación

Confiar en Él, suplicándole....................Líbranos del mal

---

C. Busque los siguientes versículos y liste algunos de los obstáculos para recibir oraciones contestadas.

1. Salmo 66:18 <u>"Si observo iniquidad en mi corazón, el Señor no me escuchará."</u>

2. Santiago 4:3 <u>"Pedís con malos propósitos, para gastarlo en vuestros placeres."</u>

3. Isaías 59:1–2 <u>"Vuestras iniquidades han hecho separación entre vosotros y vuestro Dios, y vuestros pecados le han hecho esconder su rostro de vosotros para no escucharos."</u>

Cuatro Áreas Importantes de la Oración
Confesión...............Admítale a Dios que ha pecado. Sea honesto y humilde. Recuerde, Él lo conoce y lo ama.
Adoración..............Reflexione sobre Dios mismo. Alábelo por Sus atributos, Su majestad, y Su regalo de Cristo.
Suplica....................Haga pedidos específicos. Ore primero por otros y luego por usted.
Acción de gracias...Dígale a Dios qué tan agradecido está usted por todo lo que Él le ha dado, aun por las cosas que no le gustan. Su acción de gracias le ayudará a ver Sus propósitos.
Note que las primeras letras *forman la palabra "CASA."* Puede usar este acrónimo para mantener un balance mientras usted ora.

III. La Lucha de la Oración

A. La oración puede ser un trabajo difícil, pero esto no debe de cohibirnos de orar, aun cuando requiera sacrificio.

1. ¿Qué tanto duró Jesús orando antes de elegir a los 12 discípulos (Lucas 6:12)?

<u>Pasó toda la noche en oración.</u>

2. Describa la intensidad de Jesús mientras oraba en anticipación a la cruz (Lucas 22:44).

<u>"Estando en agonía, oraba con mucho fervor, y su sudor se volvió como gruesas gotas de sangre, que caían sobre la tierra."</u>

3. ¿Qué debieran los creyentes tener cuidado en hacer cuando están en oración (Colosenses 4:2)?

<u>Velar en la oración; tener una actitud de acción de gracias.</u>

B. Aun cuando estemos frustrados o desalentados, todavía podemos acercarnos a Dios en oración.

1. ¿Por qué estaba David desalentado en el Salmo 13:1–2? <u>Él pensó que Dios se había olvidado de él.</u>

2. ¿Cuál fue la queja de David en el Salmo 22:2? <u>"Dios mío, de día clamo y no respondes; y de noche, pero no hay para mi reposo." (David pensó que Dios lo había abandonado.)</u>

C. La oración es gobernada por la soberanía de Dios, y Su propósito determina la respuesta a nuestras oraciones.

    1. Lea 2 Corintios 12:7–9.

        a. ¿Por qué oró Pablo? _____ para que Dios le quitara su "espina en la carne" _____

        b. ¿Cuántas veces oró por esto? _____ tres _____

        c. ¿Recibió él lo que pidió? ¿Por qué o por qué no? ___ No. Dios dijo, "Te basta mi gracia, pues mi ___

        _____ poder se perfecciona en la debilidad." _____

    2. Lea Marcos 14:35–36.

        a. ¿Qué le pidió Jesús al Padre concerniente a la "hora" de sufrimiento?

        _____ Que Dios "removiera esta copa" de Él _____

        b. Pero ¿qué estaba Él dispuesto a hacer? _____ La voluntad de Su Padre _____

        _____

IV. Aplicación

Escriba una simple oración, siguiendo el modelo CASA en la página 62.

_____ (Las respuestas serán variadas) _____

_____

_____

_____

_____

_____

_____

_____

_____

Rinda sus peticiones al plan sabio y amoroso de Dios, aceptando Su respuesta con acción de gracias.

_____

La Oración y el Creyente

Los Objetivos de la Lección 8

1. Explicar los propósitos de la oración con la meta de exhortar al estudiante a pasar tiempo en oración.

2. Enseñar al estudiante cómo orar de forma práctica.

El Plan de Clase para la Lección 8

1. Repase la naturaleza y el propósito.

2. Discuta las condiciones de oraciones contestadas.

3. Prácticamente, cubra cómo orar y por qué orar.

4. Analizar los retos de la oración.

Preguntas Comunes para la Lección 8

Como Dios es soberano, y todas las cosas han sido decretadas por Él, y ya que Dios es omnisciente y sabe todas las cosas, entonces ¿por qué orar?

¿Cómo luce el orar sin cesar en la vida de un creyente?

Esquema Sugerido de Enseñanza para la Lección 8

1. Calentamiento

Entienda que hablar unos con otros en la clase puede tomar un tono muy diferente cuando usted sugiera que es tiempo de incluir a Dios en la conversación. Admita desde el principio que a veces es más fácil hablar de la oración que realmente orar. Sugiera que al final de la sesión va a usted esperar que el grupo esté listo para participar en un tiempo sincero de hablar juntos con Dios.

2. La naturaleza de la oración (sección I)

Comience por hablar del párrafo introductorio al principio de la lección. Enfóquese en el rol único que juega la oración en desarrollar intimidad con Dios. Explique cómo la oración entona nuestros corazones a ser receptivos a Su voluntad a través de Su Palabra. Además discuta el propósito de la oración y el hecho de que la oración no es una opción.

A. El propósito de la oración

♦ La oración glorifica a Dios—Juan 14:13

♦ La oración alínea nuestra voluntad con la voluntad de Dios —Lucas 22:42; Mateo 6:10

■ Aunque nada beneficia al creyente más que la oración, el propósito de la oración debe ser primero por el bien de Dios, no nuestro. La oración es, ante todo, una oportunidad para Dios manifestar su bondad y gloria.[1]

John MacArthur

[1] Cita de la serie de Comentarios del Nuevo Testamento de MacArthur: *Mateo* 1–7 (Moody), © 1985 por John MacArthur.

■ Cuando oramos *"Hágase tu voluntad,"* estamos orando primero que la voluntad de Dios se convierta en nuestra voluntad. Segundo, estamos orando que Su voluntad prevalezca *"en la tierra como en el cielo."*[2]

John MacArthur

♦ La oración trae paz—Filipenses 4:6–7

♦ Oramos para confesar pecado—1 Juan 1:9

♦ Oramos para echar nuestras cargas sobre Dios—1 Pedro 5:6–7 (sección I, B)

♦ La oración es poderosa—Santiago 5:16–18 (final de la sección I, C)

Pregunta: *¿Por qué orar si Dios es soberano y todo ha sido decretado por Él?* Respuesta: Dios no sólo ordena el final (los resultados) pero también el medio (los métodos), y uno de los medios que Él ordena es la oración. Al orar, no estamos cambiando la opinión de Dios sino alineándonos con la voluntad de Dios. Si oramos, estamos siendo usados por Dios para llevar a cabo Su voluntad en el mundo. Más allá de esto, también le da gloria a Él al demostrar nuestra dependencia de Él.

B. La oración no es una opción.

- Jesús oro; Él es nuestro ejemplo —Mateo 14:23; Lucas 5:16; 6:12
- Estamos ordenados a orar todo el tiempo —1 Tesalonicenses 5:17; Efesios 6:18 (sección II, A)

■ *Orar sin cesar* es vivir en el conocimiento continuo de Dios, donde todo lo que vemos y experimentamos se convierte en un tipo de oración, vivida en una profunda consciencia y rendición a nuestro Padre celestial.[3]

John MacArthur

3. La práctica de la oración (sección II)

En esta sección usted cubrirá ambas condiciones para oraciones contestadas y luego cómo orar prácticamente. Veremos que necesitamos orar consistente con la voluntad de Dios, lo cual incluye la confesión de pecado.

A. Condiciones para oraciones contestadas

Existen condiciones si nuestras oraciones han de ser contestadas. Primero, uno debe morar en Cristo y orar de acuerdo a su voluntad. Segundo, uno no debe albergar pecado; debemos confesar todo pecado y apartarnos de él (1 Juan 1:9).

1. Usted debe morar en Cristo y Sus palabras deben morar en usted—Juan 15:7 (sección II, B, 2)

- Los que moran en Cristo son los que confiesan Cristo como su Señor—1 Juan 4:15
- Ser obediente y comprometido a la Palabra de Dios —1 Juan 3:22

Nota: Dios no está bajo la obligación de responder a las oraciones de los que no son salvos.

---

[2] Cita de la serie de Comentarios del Nuevo Testamento de MacArthur: *Mateo* 1–7 (Moody), © 1985 por John MacArthur.
[3] Cita de la serie de Comentarios del Nuevo Testamento de MacArthur: *Efesios* (Moody), © 1986 por John MacArthur.

2. Usted debe orar de acuerdo a la voluntad de Dios—1 Juan 5:14 (sección II, B, 3)

- Ore por lo que sea consistente con la voluntad de Dios como está revelado en la Biblia.

- Ore pidiendo en Su nombre, consistente con quien Él es —Juan 14:13–14

- Ore por lo que trae gloria a Dios—Juan 14:13

- Ore para alinear su voluntad con la voluntad de Dios—Mateo 6:10

■ Orar en el nombre de Jesús es orar consistentemente con quien Él es, con la meta de darle gloria a Él. Es para seguir el patrón de Su oración modelo. "Venga tu reino. Hágase tu voluntad, así en la tierra como en el cielo" (Mateo 6:10), y Su ejemplo de sumisión humilde a la voluntad del Padre cuando oró en Getsemaní, "Padre, si es tu voluntad, aparta de mí esta copa; pero no se haga mi voluntad, sino la tuya" (Lucas 22:42). La meta de la oración no es satisfacer nuestros deseos egoístas (Santiago 4:3), sino alinear nuestra voluntad con los propósitos de Dios.[4]

John MacArthur

3. Obstáculos a la oración contestada (sección II, C)

- Pecado—Salmos 66:18

- Motivos erróneos—Santiago 4:3

- Falta de fe—Santiago 1:5–8

B. ¿Cómo Orar?

Esta es una sección muy práctica de la lección. Se necesita atención adecuada al gráfico llamado "El Patrón De Oración de Jesús" y la tabla en el acróstico de CASA para oración (ambos en la sección II).

1. Directrices generales para la oración

- Ore al Padre; por medio de Cristo; en el poder del Espíritu—Mateo 6:9; Romanos 1:8; Efesios 2:17–18

- Si usted no sabe por qué orar, pida al Espíritu Santo que interceda —Romanos 8:26 (sección I, A, 2)

- La oración necesita ser íntima comunión con Dios—Mateo 6:6

- No utilice repetición insensata—Mateo 6:7–8

- No sea apresurado al hablar; sean pocas sus palabras —Eclesiastés 5:2 (sección I, B, 4)

2. El patrón de oración de Jesucristo (final de la sección II, B)

Proveerles a los estudiantes un marco para sus oraciones es importante. Cuando los discípulos pidieron a Jesús que les enseñara a orar, eso fue exactamente lo que Jesús hizo. Les dio la oración del discípulo, a veces referida como *El Padre Nuestro*.

[4] Cita de la serie de Comentarios del Nuevo Testamento de MacArthur: *1–3 Juan* (Moody), © 2007 por John MacArthur.

Nota: La oración de los discípulos no necesitaba ser memorizada para orar; pero sí memorizada como un marco para nuestras propias oraciones. Esto está claro desde el inicio, cuando Cristo dijo en Mateo 6:9a, *"Orad de esta manera. . ."*

Analice la estructura de la oración, usando la información del gráfico como guía.

Mientras encamina al estudiante a través de la oración, note puntos claves como:

- *Padre Nuestro*—Pregunte, *¿Por qué es importante la palabra "nuestro"?* Respuesta: Dios es el Padre de todo cristiano. Lo mejor para usted puede que no sea lo mejor para toda la iglesia. Ore por el bien de la familia, no sólo por usted. Pregunte, *¿Qué podemos aprender de la palabra "Padre"?* Respuesta: Intimidad con Dios, somos Sus hijos; respeto, autoridad; se encarga del asunto de la obediencia, etc.

- *Santificado sea tu nombre*—Pregunte, *¿Qué significa "santificado"?* Respuesta: apartado, santo. Estamos llamados a reverenciar a Dios. Debemos alabar a Dios. Pregunte, *¿Qué otros atributos podemos pensar para alabar a Dios?* Cuente los atributos de Dios al principio de sus oraciones, y sentará la base para el resto de su oración. Refiera a los atributos de Dios de la lección #3.

- *Venga tu reino*—Ore por la venida del reino de Dios. Ore en anticipación y espera de la segunda venida de Cristo cuando reine en gloria. Ore por la salvación de las almas que habitarán en el reino.

- *Hágase tu voluntad*—Pregunte, *¿La voluntad de quién?* Respuesta: La voluntad de Dios. Ore que se haga la voluntad de Él y que su voluntad esté alineada con Su voluntad. Ore que estas cosas sean consistentes con la voluntad revelada de Dios.

- *Danos hoy el pan de cada día*—Esta es una petición para las necesidades. Reconozca que Dios es su proveedor. Recuerde que Él tiene cuidado de nosotros y quiere suplir nuestras necesidades.

- *Perdónanos nuestras deudas*—Pregunte, *¿Cuáles son las deudas?* Respuesta: pecados. Esta es una oración de confesión. Confiese sus pecados a Dios (1 Juan 1:9).

- *Y no nos metas en tentación, mas líbranos del mal*—Eso es tener un deseo de corazón a no pecar. Es reconocer que somos débiles e inadecuados para lidiar con pecado. Es nuestro deseo someternos a Dios y resistir las tentaciones del diablo (Juan 4:7).

- *Porque tuyo es el reino y el poder y la gloria para siempre*—Note, estas palabras no se encuentran en los manuscritos más fieles. Sin embargo, ellas sí exaltan nuestro Dios todo-poderoso, finalizando la oración con una nota de alabanza.

3. CASA Acróstico para la Oración

Para concluir, discuta esta sección del gráfico, "Cuatro Áreas Importantes de Oración" al final de la sección II de la lección.

4. La lucha de la oración (sección III)
La oración puede ser trabajo arduo, y algunas veces desalentador, como vimos en la sección III de la lección.

A. La oración puede ser desalentadora (sección III, B).

Tome un tiempo hablando sobre el desánimo de David mientras oraba a Dios. Pida a los estudiantes que lean sus respuestas a la sección III, B y luego vayan al Salmo 22:1–28, una de las oraciones de David. Note la progresión en la oración de David:

- ♦ versículos 1–2   David está desanimado y se pregunta por qué Dios no responde.

- ♦ versículos 3–6   David reconoce a Dios y recuerda los tiempos cuando Dios fue fiel. Al considerarlo, David se humilla.

- ♦ versículos 7–18   David derrama su carga al Señor.

- ♦ versículos 19–21   David clama a Dios por ayuda y pide su auxilio.

- ♦ versículos 22–24   David es movido a alabar a Dios ya que sabe que Dios se interesa en él.

- ♦ versículos 25–28   David es levantado.

Aprendemos que cuando estamos desalentados, debemos reconocer a Dios como nuestra ayuda; recordando cómo Él nos ha cuidado en el pasado. Necesitamos poner nuestras cargas sobre Él. Esto nos lleva a ser estimulados y a la alabanza.

B. Respuestas a nuestras oraciones (sección III, C)

1. La oración y la soberanía de Dios

Las oraciones están gobernadas por la soberanía de Dios y Sus propósitos. Comente los siguientes ejemplos con los estudiantes:

- Algunas veces las oraciones son respondidas inmediatamente—Isaías 65:42

- A veces las respuestas son retrasadas—Lucas 18:7

- Pero somos exhortados a ser persistentes—Lucas 18:1 (sección II, A, 1)

- A veces las respuestas son diferentes a lo que pedimos —2 Corintios 12:7–9 (sección III, C, 1)

2. Clamando a Dios

Esto es un gran movimiento hoy en día; es decir, reclamándole a Dios nuestras peticiones. Examinen esto a la luz de:

- La *soberanía de Dios* (visto arriba)

- Orando de acuerdo a la voluntad de Dios, o alineando nuestra voluntad con la voluntad de Dios

- El propósito final de la oración, la cual trae gloria a Dios

5. Aplicación (sección IV)

Exhorte a los estudiantes a memorizar las oraciones de los discípulos y utilizarlas como marco de referencia para sus propias oraciones. Exhórtelos a comenzar sus oraciones con reconocimiento y alabanza a Dios, reflexionando acerca de Sus atributos, antes de pasar a confesión, acción de gracias, y petición.

La Iglesia: la Comunión y la Adoración

Prepárese para su Asignación

1. Descargue el mensaje #9, "El Cuerpo de Cristo," de www.moodyurban.com/fdlf.

2. Utilice su cuaderno para tomar notas del mensaje.

3. Complete las preguntas y asignaciones en las siguientes páginas.

Memorice Hebreos 10:24–25

Y consideremos cómo estimularnos unos a otros al amor y a las buenas obras, no dejando de congregarnos, como algunos tienen por costumbre, sino exhortándonos unos a otros, y mucho más al ver que el día se acerca.

■ La Iglesia no es un edificio físico, sino un grupo de creyentes; no una denominación, secta, o asociación, pero un Cuerpo espiritual. La Iglesia no es una organización, sino una comunión, un compañerismo que incluye creyentes.[1]

John MacArthur

I. La Iglesia Universal

A. Lea Colosenses 1:18 y Efesios 5:23.
1. ¿Cuál es la posición de Cristo en la iglesia? __Él es la cabeza del cuerpo (iglesia).__

2. ¿Cómo se describe la iglesia? __Como Su cuerpo__

B. ¿A qué precio compró Cristo a la iglesia (Hechos 20:28)? __Su propia sangre__

C. ¿Cómo se vuelve una persona miembro del Cuerpo de Cristo?
1. Colosenses 3:15: Nosotros somos __llamados__ al cuerpo.

2. 1 Corintios 12:13: Nosotros somos __bautizados__ al cuerpo.

II. La Iglesia Local

El Nuevo Testamento describe como creyentes se unían en grupos pequeños a adorar a Cristo, recibir instrucción de las Escrituras, satisfacer las necesidades los unos a los otros, orar, y evangelizar.

A. La iglesia local ilustrada
1. ¿Dónde se reunieron los creyentes antes de que tuvieran edificios de reunión (Romanos 16:5; 1 Corintios 16:19)?

__en casas__

2. ¿En qué día de la semana se reunían (Hechos 20:7)?

__el primer día de la semana__

3. Liste cuatro cosas a las que estaba devota la Iglesia Primitiva (Hechos 2:42):

a. __enseñanza__

c. __partimiento del pan__

b. __comunión__

d. __oración__

[1] Cita tomada de *Dinámicas del Cuerpo* por John MacArthur, © 1982 por Scripture Press. Usada con permiso.

B. La iglesia local organizada

1. Hombres dotados

    a. Según Efesios 4:11–12, Dios dio cuatro tipos de hombres dotados a la iglesia. Lístelos debajo:

    <u>apóstoles</u>   <u>evangelistas</u>

    <u>profetas</u>   <u>pastores/maestros</u>

    b. ¿Con qué propósitos dio Dios estos hombres dotados a la iglesia para equipar a los santos (verso 12)?

    <u>"A fin de capacitar a los santos para la obra del ministerio, para la edificación del cuerpo de Cristo."</u>

2. Ancianos/Supervisores

    Las calificaciones de un anciano o supervisor están escritas en 1 Timoteo 3:1–7 y Tito 1:6–9.

    a. ¿Cuáles son las dos mayores responsabilidades de un anciano (1 Pedro 5:1–2)?

    (1) <u>"Pastorear el rebaño"</u>

    (2) <u>Ejercer supervisión</u>

    b. ¿Cuál es la responsabilidad de los creyentes hacia los ancianos (Hebreos 13:17)?

    <u>"Obedeced a vuestros pastores y sujetaos a ellos."</u>

    ¿Por qué? <u>"Porque ellos velan por vuestras almas, como quienes han de dar cuenta. Permitidles</u>

    <u>que lo hagan con alegría y no quejándose, porque eso no sería provechoso para vosotros."</u>

3. Diáconos

    La palabra *diácono* significa "siervo." Los diáconos deben ministrar a las necesidades del rebaño bajo la dirección de los ancianos de la iglesia. Las calificaciones de diáconos están escritas en 1 Timoteo 3:8–13.

4. Miembros del Cuerpo

    a. ¿Hebreos 10:25 advierte a los creyentes a que no descuiden qué? <u>congregarse juntos</u>

    b. Hebreos 13:7 nos instruye acerca de aquellos que enseñan la Palabra de Dios. ¿Cuál debe ser nuestra respuesta? (Seleccione la respuesta correcta).

    ☐ Debemos animar a otros a venir y oírles.

    ☐ No debemos esperar a tener el tipo de fe que ellos tienen.

    ☐ Debemos observar sus vidas piadosas y seguir sus ejemplos de fe.

    c. ¿Cómo debemos actuar hacia otros miembros del Cuerpo (1 Corintios 12:25)?

    <u>"Que en el cuerpo no haya división, sino que los miembros tengan el mismo cuidado unos por otros."</u>

5. ¿Cómo deben ser apoyados aquellos que son nombrados a predicar y enseñar?

    a. 1 Corintios 9:14 _____ "Así también ordenó el Señor que los que proclaman el evangelio,_

    _____ vivan del evangelio."_____

    b. Gálatas 6:6 _"Y al que se le enseña la palabra, que comparta toda cosa buena con el que le enseña."_

    _____

III. La Comunión

La Biblia usa la palabra griega *koinonia* para describir la comunión dentro del Cuerpo de Cristo. Esta palabra significa "participación con otros en un propósito común." El equivalente latín es *communion*, señalando a la comunión con otros creyentes así como la comunión con Dios.

A. Unidad dentro de la iglesia

1. ¿Cuál es el deseo de Dios para cada iglesia local (1 Corintios 1:10)?_____ unidad en la fe _____

2. Lea Efesios 4:2–3.

    ¿Qué promoverá la unidad (versículo 2)? _"Con toda humildad y mansedumbre, con paciencia,_

    _____ soportándoos unos a otros en amor,"_____

    ¿Cuál es nuestra responsabilidad (versículo 3)? _"Esforzándoos por preservar la unidad del_

    _____ Espíritu en el vínculo de la paz."_____

3. Lea Filipenses 2:1–4. ¿Cuál es la clave para mantener la unidad dentro del Cuerpo (versículo 3)?

    "Nada hagáis por egoísmo o por vanagloria, sino que con actitud humilde cada uno de vosotros

    _____ considere al otro como más importante que a sí mismo."_____

B. La Comunión con Dios y con otros creyentes
Las Escrituras son claras en cuanto al creyente y la comunión con:

1. Dios el Padre (1 Juan 1:3)

2. Dios el Hijo (1 Juan 1:3)

3. El Espíritu Santo (2 Corintios 13:14)

4. Otros creyentes (1 Juan 1:7)

Sin embargo, ¿con quién no es posible tener comunión verdadera (2 Corintios 6:14–15)? _Incrédulos_

C. La comunión implica el ministrar a otros creyentes

1. La comunión dentro del Cuerpo de Cristo conlleva el ser parte de la vida de los demás. Según el versículo abajo, ¿cómo deben los cristianos ministrarse unos a otros?

    • Romanos 14:19 _____ "La edificación mutua."_____

- Gálatas 5:13 _____ "Servíos por amor los unos a los otros."

- Gálatas 6:2 _____ "Llevad los unos las cargas de los otros, y cumplid así la ley de Cristo."

- Santiago 5:16 ____ "Por tanto, confesaos vuestros pecados unos a otros, y orad unos por otros."

2. ¿Qué ha dado Dios a cada cristiano para ayudarnos a ministrar a otros dentro de la iglesia (1 Pedro 4:10–11)?

_____ un don especial _____

IV. La Adoración

La palabra "adoración" en inglés originalmente se escribe "worthship," significando el reconocimiento del valor de alguien o algo. Nosotros adoramos cuando damos honor a Dios por quién Él es. La adoración reconoce la persona, naturaleza, atributos, y obras de Dios. Esto se deriva de un corazón agradecido que produce adoración, devoción, y sumisión a Dios.

A. Dios busca adoradores genuinos.

Lea Juan 4:23–24. ¿Cómo debemos adorar a Dios (versículo 24)? _____ en espíritu y en verdad

Si hemos de adorar a Dios en verdad (no en error), debemos buscar conocerle mediante el aprendizaje de Sus atributos y acciones.

B. Adoramos a Dios porque sólo Él merece nuestra más alta devoción.
Lea Apocalipsis 4:10–11 y responda a las siguientes preguntas.

1. ¿Dios es digno de recibir qué? _____ gloria, honor, y poder _____

2. ¿Por qué? _____ Porque Dios creó todas las cosas _____

C. La Adoración a Dios involucra la alabanza.
¿Cómo dijo el salmista que Dios debe ser alabado (Salmo 66:4)? ___ "Toda la tierra te adorará, y cantará

_____ alabanzas a ti, cantará alabanzas a tu nombre." _____

D. La Adoración a Dios incluye reverencia.

1. ¿Qué hizo Moisés cuando adoró a Dios (Éxodo 34:8)?

_____ Moisés se apresuró a inclinarse a tierra y adoró _____

2. ¿Cómo se revela la reverencia a Dios en los siguientes versículos?

a. Éxodo 34:8 _____ inclinarse _____

b. Lucas 7:1–7 _____ en humildad; no se considera digno delante de Él _____

c. Apocalipsis 1:17 _____ caí como muerto a sus pies _____

V. Las Ordenanzas de la Iglesia

La Ordenanza del Bautismo

El bautismo fue instituido por el Señor y practicado por los primeros creyentes. Como se explica en las Escrituras, el bautismo era la declaración del creyente de su identificación con Jesucristo en Su muerte, entierro, y resurrección. Claramente, el bautismo era practicado por la Iglesia Primitiva, y por lo tanto, creemos que esta ordenanza debe practicarse en la iglesia en el día de hoy.

¿Por qué bautizar?

Nosotros bautizamos porque:
- El bautismo era ordenado por nuestro Señor—Mateo 28:19.
- El bautismo era practicado por la iglesia primitiva —Hechos 2:41; 8:26–39; 10:44–48; 16:31–33; 18:8.

¿Quién debe ser bautizado?

En las Escrituras vemos ejemplos de discípulos (o seguidores) de Cristo, creyentes, y aquellos quienes recibieron el Espíritu Santo bautizándose:

- Discípulos (o seguidores de Cristo)—Mateo 28:19.
- Creyentes —Hechos 2:41; Hechos 8:30–38; Hechos 16:33–34.
- Quienes recibieron el Espíritu Santo—Hechos 10:44–48.

Así que, concluimos que aquellos quienes han confesado a Jesucristo como su Salvador y Señor personalmente (i.e., cristianos) deberían ser bautizados.

¿Qué significa el bautismo?

El bautismo es un reconocimiento de la identificación del creyente con Cristo:

- Identificación con Cristo en Su muerte—Romanos 6:3
- Identificación con Cristo en Su entierro—Romanos 6:4a
- Identificación con Cristo en Su resurrección—Romanos 6:4b

El bautismo es un reconocimiento que " nuestro viejo hombre fue crucificado con Él" (Romanos 6:6) y una profesión de que de aquí en adelante "andemos en vida nueva" (Romanos 6:4b).

¿Cómo debemos bautizar?

Creemos que una persona debe ser bautizada sumergiéndole en agua:

- La palabra bautismo fue transliterada de la palabra *baptizo* que significa "abrumar completamente; sumergir o hundir".
- El bautismo sucedía donde había mucha agua—Juan 3:23
- Cuando bautizaban, ellos descendían al agua (Hechos 8:38) y salían del agua (Mateo 3:16).

También, al bautizar por inmersión, la imagen de descender dentro del agua y salir del agua simboliza la identificación del creyente con la muerte, entierro, y resurrección de Cristo.

¿Ha confesado usted a Jesucristo como Señor y Salvador? _____

¿Ha sido usted bautizado como creyente? _____

La Ordenanza de la Comunión

La Cena del Señor, o la Comunión, es una de dos ordenanzas dadas a la iglesia por Jesucristo (la otra siendo el bautismo). La Cena del Señor es una forma de recordar la muerte de Cristo.

Lea 1 Corintios 11:23–26 y llene los espacios debajo.

1. El pan es en memoria de _____Su cuerpo_____.

2. La copa es en memoria de _____Su sangre_____.

3. Cada vez que usted participe en la Comunión, usted proclama la muerte del Señor (1 Corintios 11:26). A la luz de esa verdad, ¿cuál es la advertencia dada en 1 Corintios 11:27–30?

De manera que el que coma el pan o beba la copa del Señor indignamente, será culpable del cuerpo y de la sangre del Señor. Por tanto, examínese cada uno a sí mismo, y entonces coma del pan y beba de la copa. Porque el que come y bebe sin discernir correctamente el cuerpo del Señor, come y bebe juicio para sí. Por esta razón hay muchos débiles y enfermos entre vosotros, y muchos duermen.

"Venid, cantemos con gozo al SEÑOR, aclamemos con júbilo a la roca de nuestra salvación. Vengamos ante su presencia con acción de gracias; aclamémosle con salmos. Porque Dios grande es el SEÑOR, y Rey grande sobre todos los dioses, en cuya mano están las profundidades de la tierra; suyas son también las cumbres de los montes. Suyo es el mar, pues Él lo hizo, y sus manos formaron la tierra firme. Venid, adoremos y postrémonos; doblemos la rodilla ante el SEÑOR nuestro Hacedor." —Salmos 95:1–6

VI. Aplicación

A. ¿Es usted miembro del Cuerpo de Cristo?

_____

B. ¿Es usted miembro de una asamblea local de cristianos?

_____

C. ¿Qué ha aprendido usted de este estudio para mejorar su adoración a Dios?

_____

_____

_____

_____

LA IGLESIA: LA COMUNIÓN Y LA ADORACIÓN

Los Objetivos de la Lección 9

1. Entender la diferencia entre la iglesia universal y la iglesia local.

2 Proveer a los estudiantes una serie de principios sobre qué buscar al seleccionar una iglesia.

3. Exhortar a los estudiantes a participar y ministrar dentro de la iglesia.

4. Comprender la adoración dentro de la iglesia, incluyendo la Comunión.

El Plan de Clase de la Lección 9

1. Clarifique la relación entre Cristo y Su iglesia.

2. Clarifique la diferencia entre *la iglesia universal* y *la iglesia local*.

3. Revise los principios bíblicos para la organización de la iglesia.

4. Considere la comunión verdadera y alabanza dentro de la iglesia.

Preguntas Comunes para la Lección 9

¿Cuáles son las pautas bíblicas al seleccionar una iglesia?

¿Cuál es el propósito de la iglesia?

Esquema Sugerido de Enseñanza para la Lección 9

1. Calentamiento

Comience con un tiempo de compartir pidiéndoles a los miembros del grupo que compartan sus experiencias en el cuerpo de Cristo. Pregunte, *¿Cuáles han sido algunas de las circunstancias en sus vidas cuando han pensado, "¿Así es cómo el cuerpo de Cristo debiera ser?" ¿Qué significó esta experiencia para usted acerca del cuerpo de Cristo?*

2. La iglesia universal (sección I)

Pregunte a la clase, *¿Cuál cree usted que es la diferencia entre la iglesia universal y la iglesia local?* Respuesta: La iglesia universal es el cuerpo de todo creyente, llamado el cuerpo de Cristo. La iglesia local es un grupo más pequeño de creyentes que se unen para adorar, tener comunión, recibir enseñanza de la Biblia, y evangelizar en un área local.

Mientras examinan la naturaleza de la iglesia universal, considere los siguientes conceptos: La iglesia de Jesucristo no es una organización; es un organismo. No es un edificio con oficinas; es una comunidad que incluye a todos los creyentes. La iglesia no es un programa de actividades; es el cuerpo que tiene crecimiento individual. La iglesia no debe concentrarse en la administración, sino en el ministerio. La iglesia es personas: vivas, amantes, aprendiendo y trabajando, dirigiendo y siguiendo, juntos para la gloria de Jesucristo quien es la cabeza.

Revise la sección I de la lección, pregunte a los estudiantes a leer sus respuestas a las preguntas de la sección I, A. Esto debería conducir a una discusión sobre el cuerpo de Cristo y las relaciones cercanas dentro del cuerpo:

A. La iglesia es vista como el cuerpo de Cristo

- ◆ Cristo es la cabeza—Efesios 5:23 (sección I, A, 1)

- ◆ El Cuerpo está hecho de aquellos llamados por Dios—1 Corintios 3:15 (sección I, C, 1)

- ◆ Cristo bautiza al creyente con el Espíritu Santo y lo coloca dentro del Cuerpo de Cristo — 1 Corintios 12:13 (sección I, C, 2); también lea Lucas 3:16; Juan 1:33

- ◆ Cada creyente tiene una función única dentro del Cuerpo—1 Corintios 12:12–27

Discuta la importancia de cada creyente ministrando dentro de la iglesia para que el Cuerpo funcione como Dios lo diseñó.

B. La iglesia es vista como una familia (suplemento a la lección).

- ◆ Somos todos hijos de Dios —Juan 1:12

- ◆ Somos todos hermanos y hermanas —1 Corintios 7:15

- ◆ Dios es nuestro Padre; Cristo es nuestro hermano —Hebreos 2:11

Comente la cercanía de la familia y la relación de un padre con su hijo/hija. Hable sobre el cuidado y la provisión del padre para su familia. También comente sobre el respeto y obediencia debidos al Padre. Esta es una imagen de la iglesia universal.

Pregunte, *¿Ha experimentado alguna vez cercanía y unidad con otros creyentes que acaba de conocer?*

3. La iglesia local (sección II)

Como mencionamos anteriormente, la iglesia local es un grupo pequeño de creyentes que se unen para adorar, tener comunión, aprender sobre la Biblia, y evangelizar en el área local. El modelo de la iglesia local es formado examinando las prioridades y la estructura de la Iglesia Primitiva durante el tiempo de los apóstoles.

A. Prioridades de la Iglesia Primitiva

Repase con sus estudiantes las respuestas de la pregunta II, A, 3. Hable sobre la importancia de cada una de estas áreas:

1. Enseñanza

La Iglesia Primitiva estaba devota a la enseñanza de los apóstoles:

- • La enseñanza de la Palabra de Dios es vital al crecimiento de todos los creyentes—1 Pedro 2:2

- • Dios dio a la iglesia pastores/maestros dotados para el equipamiento de los santos—Efesios 4:11–12 (sección II, B, 1)

2. Compañerismo

El cuerpo de la Iglesia Primitiva estaba involucrado en las vidas de cada uno de ellos, ministrándose unos a otros en un vínculo de unidad. (Esto será desarrollado en la próxima sección de la lección.)

3. Comunión (también conocido como el partimiento del pan)

La Iglesia Primitiva nunca perdió de vista el sacrificio de Cristo. (La comunión la cubriremos al final de esta lección.)

4. Oración

Cuando la Iglesia Primitiva se reunía, los miembros se dedicaban a orar juntos y orar unos por otros (Santiago 5:16). Este es el corazón de la iglesia: reconocer a Dios como cabeza y proveedor y alinear la dirección de la iglesia con la voluntad de Dios.

Pregunte, *¿cómo se comparan estos componentes esenciales de la Iglesia Primitiva a la vida típica de una iglesia local hoy en día? ¿Qué, en todo caso, falta o tiene menos importancia?*

B. Estructura de la iglesia primitiva

Esta sección examina las responsabilidades del liderazgo y de los miembros de la iglesia.

1. Hombres dotados dados a la iglesia

Pida a los estudiantes que lean sus respuestas a la pregunta II, B, concerniente a los hombres dotados dados a la iglesia. Lo siguiente puede ser usado para complementar la información acerca de estos hombres dotados. (Sin embargo, los dones espirituales serán cubiertos en la lección #10.)

- **Apóstoles** — Un apóstol es alguien literalmente "enviado en una misión." En el sentido estricto esto habla de los Doce (Marcos 3:16–19), y además Pablo quien fue llamado apóstol cuando fue únicamente elegido a traer el evangelio a los Gentiles (Gálatas 1:15–17). Las calificaciones de un apóstol incluye ser elegido directamente por Cristo (Marcos 3:13) y haber visto al Cristo resucitado (Hechos 1:22–24). Así que, no hay posibilidad para alguien ser apóstol en la iglesia del presente. Sin embargo, en un sentido más amplio, "apóstol" se puede también referir a algunos que no eran miembros de los Doce y Pablo, pero fueron "enviados en una misión" comoquiera. Estos incluyen a Barnabas (Hechos 14:4), Silas y Timoteo (1 Timoteo 2:6), y otros (Romanos 16:7; 2 Corintios 8:23; Filipenses 2:25)

- **Profetas**—Un profeta predice o "anuncia por adelantado" las verdades de Dios al pueblo de Dios. El propósito de los profetas, como los apóstoles, era sentar la base de la verdad divina en la que la iglesia sería construida (Efesios 2:20). Al completar el Nuevo Testamento el oficio de profeta cesó.

- **Evangelistas**—Un evangelista es una persona particularmente dotada en proclamar el evangelio de Jesucristo. El evangelismo es algo que todo cristiano debe hacer, pero algunos son más talentosos que otros.

- **Pastores/maestros**—Un pastor es uno que guía, cuida, y protege al pueblo de Dios. Enseñar es la función principal de los pastores. El trabajo de pastor/maestro es predicar fielmente la Palabra de Dios (2 Timoteo 4:2–4)

El propósito por el que Dios dio estos hombres dotados a la iglesia es un punto importante. Pida a los estudiantes que lean Efesios 4:11–12. Comente la respuesta a la pregunta en la sección II, B, 1, b, notando los siguientes puntos importantes:

- Los hombres dotados deben equipar a los santos para el trabajo de servicio.

- Pregunte, *¿Quiénes son los santos?* Respuesta: todos los creyentes; los miembros de la iglesia.

- Pregunte, *¿Por qué estamos siendo equipados?* Respuesta: Para hacer *el trabajo de servicio* para la edificación del Cuerpo de Cristo.

- Pregunte, *¿Quién es responsable de edificar el cuerpo de Cristo?* Respuesta: Los santos, no los pastores de la iglesia.

Pregunte, *Cuando usted buscaba una iglesia, ¿buscó usted una iglesia donde pudiera servir mejor y usar sus dones espirituales?*

Pregunte, *¿Está usted viendo esta clase como una oportunidad para estar mejor equipado para servir más eficazmente en la iglesia?*

2. Oficio del anciano/supervisor (sección II, B, 2)

Como una introducción al gobierno de los ancianos revise los pasajes abajo:

- Los ancianos eran nombrados en cada iglesia—Hechos 14:23; Tito 1:5

- Los ancianos deben gobernar—1 Timoteo 5:17

- Los ancianos deben supervisar y guiar —1 Pedro 5:1–2 (sección II, B, 2, a)

- Miembros deben obedecer y someterse a sus líderes —Hebreos 13:17

- Las calificaciones de los ancianos están escritas en 1 Timoteo 3:1–7 y Tito 1:6–9

3. Oficio de diácono (sección II, B, 3)

Los diáconos eran aquellos quienes servían las necesidades de la iglesia, bajo la dirección de los ancianos.

- El oficio y la calificación de diácono está escrito en 1 Timoteo 3:8–13.

- Un ejemplo de hombres seleccionados para servir —Hechos 6:2–4

Nota: Usted podría dar las calificaciones de los ancianos y diáconos como folleto.

4. Miembros del cuerpo (sección II, B, 4)

La membresía en la iglesia debe ser resaltada aquí. No es suficiente ir a la iglesia los domingos, pero como cristianos, estamos llamados a fielmente ser parte de la iglesia local para poder ministrar nuestros dones espirituales para el crecimiento del cuerpo. Comente la responsabilidad de la membresía, y explique el proceso de hacerse un miembro de su iglesia particular.

Pregunte, *¿Cómo se ve una buena iglesia? ¿Cómo elijo una?* Respuesta: Provea a la clase algún criterio para elegir una iglesia. La iglesia debería estar enfocada en las Escrituras, enseñar sana doctrina, ser evangelística, amorosa, y promover adoración en las vidas de los creyentes. Los ancianos deben ser piadosos y capacitados, y no deben tolerar la inmoralidad. Adviértales a los estudiantes de las razones incorrectas para elegir una iglesia, lo cual puede incluir el estilo de música, los programas que ofrece, horarios del servicio, y otras cuestiones de preferencia.

4. La Comunión (sección III)

La comunión verdadera es fundada en la base común del evangelio. Todos los cristianos son pecadores salvados por la gracia de Dios. Todos hemos sido purificados por la sangre de Cristo. En respuesta, todos amamos a Cristo y hemos dado nuestras vidas a Él. Compartimos un propósito común: glorificar a Dios y edificar Su iglesia. Este vínculo común resulta en un amor genuino por los hermanos en Cristo (1 Pedro 1:22–23).

A. Unidad dentro de la iglesia

La exhortación de las Escrituras siempre es preservar la unidad de la iglesia. Pregunte a sus estudiantes sus respuestas a las preguntas de la sección III y luego comenten estos puntos importantes.

♦ No divisiones; sean del mismo pensar—1 Corintios 1:10; 12:25 (sección III, A y II, B, 4, c)

♦ Promover unidad con humildad y gentileza—Efesios 4:2–3 (sección III, B)

♦ Ser humildes; ver a los demás como más importantes que uno mismo—Filipenses 2:1–4 (sección III, C)

B. No hay comunión verdadera con incrédulos

La comunión verdadera no se puede disfrutar con incrédulos. Esto es visto en 2 Corintios 6:14–15 (sección III, B). Muchos de sus estudiantes tienen amistades con incrédulos. Esta puede ser una gran oportunidad para evangelismo. Sin embargo, debe estar claro que la verdadera comunión sólo se puede disfrutar con otros creyentes.

Pregunte, *¿Por qué la comunión verdadera no se puede disfrutar con los que no creen en Cristo?* Respuesta: La comunión verdadera está basada en nuestro amor por Dios por el hecho de que Él nos salvó de la completa oscuridad. Nuestros deseos no son los mismos que los de los incrédulos. Nuestro deseo es dar honra a Dios y traerle gloria a través de todo lo que hacemos. El terreno común al pie de la cruz no es compartido con los que no creen. Esto no significa que cortemos todas las relaciones con amigos incrédulos. Al contrario, utilice esas relaciones para enseñarles de Cristo a través de su vida y sus palabras. Comparta el evangelio con ellos. Pero la comunión profunda y amor que disfrutamos con el Padre, el Hijo, y otros creyentes no puede ser nunca disfrutada con incrédulos.

C. Ministrando a otros dentro de la iglesia

Usted debería tener una visión de servicio y ministerio a otros dentro de la iglesia. Revise las respuestas a las preguntas de "Unos a Otros" III, C. Comente cada una. Aquí hay algunos más "unos a otros" para suplementar la lista en la lección:

♦ Ámense unos a otros—Marcos 9:50

♦ Dense preferencia unos a otros—Romanos 12:10

- ◆ Amonéstense unos a otros —Romanos 15:5

- ◆ Consuélense unos a otros—1 Tesalonicenses 4:18

- ◆ Anímense y edifíquense unos a otros—1 Tesalonicenses 5:11

- ◆ Tened comunión los unos con los otros—1 Juan 1:7

En resumen, la iglesia no debería ser solo un grupo de personas que se reúnen los domingos. Más bien, la iglesia debe ser un grupo de personas estrechamente unido que comparten sus vidas unos con otros libremente.

5. Adoración (sección IV)

Comunión cercana con Dios a través de la oración y una comprensión más profunda de Dios mediante la enseñanza de las Escrituras debe mover al cristiano a adorar a Dios.

Definición de adoración: Atribuir valor o mérito; la palabra "adoración" traducida es derivada de la antigua práctica de inclinarse al suelo en reverencia (Éxodo 34:8)

A. La adoración pertenece solo a Dios.

- ◆ Nuestro Dios es un Dios celoso y no está dispuesto a compartir su adoración con nadie más— Éxodo 20:4-6; Isaías 42:8 (suplemento a la lección)

- ◆ Dios merece adoración porque Él es creador de todas las cosas —Apocalipsis 4:10–11 (sección IV, B)

Como tal, los cristianos no deben tener nada en sus vidas que compitan con Dios en adoración y alabanza. Rete a sus estudiantes a examinar las áreas en sus vidas donde la adoración no es ofrecida hacia Dios solamente. Pregunte, *¿En qué aspectos de su vida tiene usted que guardarse porque tienden a competir con la atención que solo Dios merece?*

B. Adoración verdadera

Dios quiere que nuestra adoración sea verdadera. Esto significa que debemos estar adorando en verdad y de corazón:

- ◆ No adore solo con sus labios; Dios quiere adoración de corazón—Mateo 15:8–9 (suplemento a la lección)

- ◆ Adore a Dios en verdad—Juan 4:23–24 (sección IV, A)

Comente estas dos verdades con sus estudiantes.

Nota: Para adorar a Dios en verdad, uno debe buscar conocerle aprendiendo de Sus atributos y acciones.

■ El peor acto cometido en el universo es el fracaso en darle gloria u honor a Dios. Por encima de todo, Dios debe ser glorificado. Glorificar a Dios es exaltarlo, reconocerlo como supremamente digno de honor, y admitir Sus atributos divinos.[1]

John MacArthur

[1] Cita de la serie de Comentarios del Nuevo Testamento de MacArthur: *Romanos* 1–8 (Moody), © 1999 por John MacArthur.

Construyendo sobre la verdadera adoración a Dios, sección IV, C habla sobre adorar a Dios en canciones.

Pregunte, *¿Qué tan importante es tomar parte en los cantos de adoración a Dios durante el tiempo de alabanza en el servicio de los domingos? ¿Estamos cantando de corazón? ¿Estamos realmente adorando a Dios con nuestros labios?*

C. Adorando a Dios con nuestras vidas (suplemento a la lección)

La adoración no debe ser aislada a sólo los domingos. Un cristiano debería esforzarse a darle gloria a Dios mediante su vida diaria. Cuando los cristianos actuamos de una manera digna del Dios que nos llamó, la gloria de Dios se refleja de vuelta a Él a través de nuestros actos de devoción (1 Corintios 10:31; Juan 14:13).

6. Ordenanzas de la iglesia (sección V)

Hay dos ordenanzas que Cristo ha establecido para Su iglesia: el bautismo y la Comunión. La Comunión a veces se llama La Cena del Señor.

A. El Bautismo

Hable sobre la información en la lección y exhorte a los estudiantes quienes son creyentes y no han sido bautizados a que se bauticen.

B. La Comunión

1. La Comunión es una ordenanza, no un sacramento.

Debido a la confusión con los sacramentos de la Iglesia Católica, es importante ayudar a los estudiantes a comprender la diferencia entre ordenanza y sacramento.

- Una ordenanza imagina un evento sin impartición de gracia o mérito al participante en la ordenanza. En el caso de la Comunión, se hace en memoria de la muerte de Cristo. La toma de Comunión no añade mérito a la salvación ante Dios. La salvación es solo por la gracia de Dios (Efesios 2:8–9).

- Un sacramento es algo que una persona hace exteriormente, pero una gracia espiritual interna es otorgada. Bíblicamente este punto de vista viola la salvación solamente por gracia, ya que una persona está realizando una acción que añade mérito a su posición ante Dios.

2. La ordenanza de la Comunión

La Comunión fue introducida en la última verdadera Pascua—Mateo 26:19, 26–29

Pregunte, *¿Qué es la Pascua?* Respuesta: Dé una breve reseña de la Pascua y enfatice que este es el tiempo de cada año donde el cordero de la Pascua era degollado.

Nota: Jesús debía morir en la Pascua como el verdadero cordero de la Pascua.

Pregunte, Cuando Jesús implementó la Comunión, Él tomó pan. *¿Era este pan el cuerpo de Cristo?* Respuesta: No, Cristo estaba con ellos.

Pregunte, Cuando Jesús implementó la Comunión, El tomó una copa de vino. *¿Era esta copa la sangre de Cristo?* Respuesta: No, era el fruto de la vid (verso 29) y de nuevo Cristo estaba vivo, y con ellos.

Nota: La celebración de la Pascua fue transformada a la Cena del Señor, o Comunión, para celebrar el sacrificio del verdadero Cordero de la Pascua, es decir, Cristo.

Repase 1 Corintios 11:23–26 al final de la sección V de la lección, y hable sobre la ordenanza de la Comunión

3. La advertencia en tomar la Comunión

Pídale a un estudiante que dé la advertencia declarada en 1 Corintios 11:27–30. Luego pregunte a la clase y comente, *¿Por qué es importante examinarse a uno mismo antes de tomar la Comunión?*

7. Aplicación (sección VI)

Desafíe a cada estudiante en su compromiso personal a Cristo y Su iglesia:

- ◆ ¿Son ellos una parte del cuerpo de Cristo; la familia de Dios?

- ◆ ¿Son ellos parte de una iglesia local, y están ministrando dentro de la iglesia?

- ◆ ¿Han sido ellos bautizados?

Rete a sus estudiantes a ser parte de un grupo de comunión de la iglesia donde puedan ministrar sus dones y ser ministrados.

Pida a los estudiantes a compartir sus pensamientos sobre la última pregunta de la lección, *¿Qué ha aprendido usted de este estudio para mejorar su adoración a Dios?*

LOS DONES ESPIRITUALES

Prepárese para su Asignación

1. Descargue el mensaje #10, "Milagros, Sanación, y Lenguas," de www.moodyurban.com/fdlf.

2. Utilice su cuaderno para tomar notas del mensaje.

3. Complete las preguntas y asignaciones en las próximas páginas.

Memorice 1 Corintios 12:7

Pero a cada uno se le da la manifestación del Espíritu para el bien común.

Dios da dones espirituales a creyentes para el propósito del ministerio dentro de la iglesia. El término viene de dos palabras griegas, *charismata* y *pneumatika*. La raíz de *charismata* es *charis*, que significa "gracia" y denota algo inmerecido o algo el cual no ha sido ganado. La segunda palabra, *pneumatika*, significa "espirituales," o cosas dadas por el Espíritu de Dios. En esta lección, veremos varios dones espirituales y cómo estos deben ser usados en el Cuerpo de Cristo.

I. La Naturaleza de los Dones Espirituales

A. ¿Quién es la fuente de los dones espirituales?

1. 1 Corintios 12:11 _____ el Espíritu Santo _____

2. 1 Corintios 12:28 _____ Dios _____

B. ¿Quién posee dones espirituales (1 Pedro 4:10)?

_____ cada creyente _____

C. ¿Cuál es el propósito de los dones espirituales?

1. 1 Corintios 12:4–7 _____ para el bien común _____

2. 1 Corintios 14:12 _____ para la edificación de la iglesia _____

3. 1 Pedro 4:10–11 _____ servir unos a otros _____

II. La Provisión de los Dones Espirituales

A. Los dones espirituales son mencionados en las Escrituras.

Lístelos debajo:

1. Romanos 12:6–8

profecía	exhortación	misericordia
servicio	generosidad	enseñanza
liderazgo		

2. 1 Corintios 12:8–10

sabiduría	sanación	distinción de espíritus
conocimiento	efectuar milagros	diversas lenguas
fe	profecía	interpretación de lenguas

3. 1 Corintios 12:28b (segunda parte del versículo)

sanación	administraciones	milagros
ayuda	diversas lenguas	

B. Comprendiendo los dones - dones temporales

Para entender mejor cómo funcionan los dones espirituales, hemos clasificado los dones en dos categorías: temporales (especiales) y permanentes.

El Espíritu Santo dio dones temporales para confirmar el testimonio de los apóstoles y profetas. Estos dones eran prevalentes en la Iglesia Primitiva pero dejaron de ser evidentes cuando la iglesia se estableció.

1. Milagros

Este don es la habilidad de hacer "maravillas" y "señales." Cristo realizó muchos milagros, como fue registrado en las Escrituras. Pablo usó este don para afirmar su apostolado, como está descrito en 2 Corintios 12:12.

2. Sanación

Pedro tenía este don (vea Hechos 3:6–8; 5:15–16), el cual afirmó su mensaje y ayudó a estabilizar la fundación para la iglesia.

3. Lenguas e interpretación de lenguas

Este don se manifiesta por el hablar un lenguaje que el orador desconoce (vea Hechos 2:1–11). Este regalo debía ser acompañado por el don de interpretación (1 Corintios 14:27–28).

C. Comprendiendo los dones—dones permanentes

El Espíritu Santo dio dones para la edificación de la iglesia. Estos eran predominantes en la Iglesia Primitiva y persisten en la actualidad.

1. Profecía

Profetizar es predicar o contar o declarar las Escrituras. Profecía no necesariamente significa predecir el futuro.

2. Enseñanza

Este don es la habilidad de enseñar la Palabra de Dios y ayudar a los oidores a comprender las Escrituras conforme a la intención del Autor.

3. Fe

Este don es una fe consistente y capacitadora que realmente cree a Dios ante obstáculos abrumadores e imposibilidades humanas, y para grandes cosas. John MacArthur llama a esto el "don de oración" porque el don se expresa primordialmente hacia Dios a través de la oración.

4. Sabiduría

Esta es la habilidad de aplicar la sabiduría, obtenida por revelación espiritual, a los creyentes; conocer lo que es correcto y lo incorrecto, conocimiento aplicado.

5. Conocimiento

Esto es un entendimiento de los hechos en las Escrituras. Desde la perspectiva humana, es la erudición o la capacidad de saber las verdades de las Escrituras tanto amplia como profundamente.

6. Discernimiento

Discernimiento es la habilidad de reconocer cuáles cosas son del Espíritu y cuáles no lo son, distinguir la verdad del error. Este don sirve de protección para la iglesia.

7. Misericordia

Esta es la habilidad de mostrar profunda compasión a aquellos que tienen necesidades espirituales, físicas, o emocionales.

8. Exhortación

Exhortación es la habilidad de motivar y alentar. Una persona con este don puede unirse a otra para consolarle con amor, alentarle a un compromiso espiritual más profundo y al crecimiento, o exhortarlo a la acción. Este es el don que califica a personas a ejercitar un ministerio de consejería en el Cuerpo.

9. Generosidad

Este don es una referencia directa al ministerio material de donar comida, ropa, dinero, casas, etc., respondiendo a las necesidades de la iglesia.

10. Administración/Liderazgo

Este don es la habilidad de supervisar el rebaño. Este don debe ser exhibido por los pastores y ancianos, así como por los líderes de sociedades misioneras, ministerios de jóvenes, asociaciones evangelísticas, etc.

11. Ayudas

Este don es la habilidad de ayudar en tiempo de necesidad o llevar la carga de otros cuando surja la situación.

12. Servicio

El don de servicio es trabajar para el Cuerpo de Cristo en áreas de ministerio físico, como servir comida o realizar mantenimiento.

III. El Ejercicio de los Dones Espirituales

A. Indique los principios expresados en Romanos 12:6–8.

"Pero teniendo dones que difieren, según la gracia que nos ha sido dada, usémoslos: si el de profecía, úsese en proporción a la fe; si el de servicio, en servir; o el que enseña, en la enseñanza; el que exhorta, en la exhortación; el que da, con liberalidad; el que dirige, con diligencia; el que muestra misericordia, con alegría."

Ejercite su don

B. Lea 1 Corintios 13:1–7 y responda a las siguientes preguntas:

1. ¿Cómo pueden sus dones ser abusados y sin beneficio (versos 1–3)?

"Si yo hablara lenguas humanas y angélicas, pero no tengo amor, he llegado a ser como metal que resuena o címbalo que retiñe. Y si tuviera el don de profecía, y entendiera todos los misterios y todo conocimiento, y si tuviera toda la fe como para trasladar montañas, pero no tengo amor, nada soy. Y si diera todos mis bienes para dar de comer a los pobres, y si entregara mi cuerpo para ser quemado, pero no tengo amor, de nada me aprovecha."

Si el don no es ejercitado en amor.

2. Ya que su don espiritual debe ser ejercitado en amor, ¿cuáles son algunos principios que aseguran el beneficio de sus dones?

Liste 15 principios (verses 4–7).

a. paciencia

b. bondad

c. no tiene envidia

d. no es jactancioso

e. no es arrogante

f. no es rudo (indecoroso)

g. no busca lo suyo

h. no se irrita o se ofende (provocado)

i. no toma en cuenta el mal recibido

j. no se regocija en la injusticia

k. se alegra con la verdad

l. todo lo sufre

m. todo lo cree

n. todo lo espera

o. todo lo soporta

C. Primera de Corintios 12 revela la importancia de cada don espiritual dentro del Cuerpo de Cristo.

Según 1 Corintios 12:25, ¿cuál debería ser su actitud en el uso de sus dones espirituales?

"A fin de que en el cuerpo no haya división, sino que los miembros tengan el mismo cuidado unos por otros.

D. Lea Efesios 4:11–16. ¿Qué causa el crecimiento del Cuerpo de Cristo (versículo 16)?

"Conforme al funcionamiento adecuado de cada miembro, produce el crecimiento del cuerpo."

IV. Aplicación

El Descubrimiento de Sus Dones
Cada miembro del Cuerpo es ordenado a ministrar en muchas de estas áreas, sea que posea ese don particular o no. Por ejemplo, todo cristiano debe funcionar en las áreas siguientes:

Fe .... 2 Corintios 5:7

Sabiduría .... Santiago 1:5

Conocimiento .... 2 Timoteo 2:15

Exhortación .... Hebreos 10:25

Donación .... 2 Corintios 9:7

Cuidado de los demás (ayuda) .... 1 Corintios 12:25

La Biblia no explica explícitamente cómo determinar nuestros dones espirituales. Sin embargo, usted puede comenzar por ser obediente en las áreas mencionadas anteriormente. Busque puertas abiertas, y ore por oportunidades para servir. Busque el consejo de otros creyentes; ellos pueden estar más conscientes de sus dones que usted mismo.

Para descubrir sus dones en el cuerpo y en sumisión a los ancianos de su iglesia, ¿en qué áreas estaría usted dispuesto(a) a servir?

1. _____ _(Las respuestas serán variadas)_ _____

2. _____

3. _____

Cada uno de nosotros debe ejercitar sus dones el ministerio para el bien de la iglesia.

"Según cada uno ha recibido un don especial, úselo sirviéndoos los unos a los otros como buenos administradores de la multiforme gracia de Dios." —1 Pedro 4:10

Los Dones Espirituales

Los Objetivos de la Lección 10

1. Ayudar a los estudiantes a entender la naturaleza y el propósito de los dones espirituales.

2. Diferenciar los dones permanentes y los dones de señales.

3. Exhortar a los estudiantes a salir y ministrar sus dones al cuerpo de Cristo.

El Plan de Clase de la Lección 10

1. Clarifique lo que queremos decir con dones espirituales.

2. Examinar la fuente, el propósito, y el alcance de los dones espirituales.

3. Exhortar a los estudiantes a ejercitar sus dones.

Preguntas Comunes para la Lección 10

¿Qué diferencia a los dones espirituales de las habilidades naturales o los talentos?

¿ Están activos hoy en día los dones de sanación y lenguas?

¿Cómo sé cuál es mi don espiritual?

Esquema Sugerido de Enseñanza para la Lección 10

1. Calentamiento

Comprenda que miembros de su grupo pueden tener una variedad de experiencias y comprensión acerca de la naturaleza y el uso de los dones espirituales. El mensaje grabado debería calmar cualquier reacción fuerte y dar la oportunidad para un enfoque serio a lo que dice la Biblia sobre dones espirituales.

Pida a uno de los estudiantes que lea el párrafo introductorio de la lección y hable sobre la definición de los dones espirituales. A veces confundimos la diferencia entre dones espirituales y habilidades o talentos naturales. Ambos son dados por Dios; sin embargo, talentos son habilidades naturales compartidas entre creyentes y no creyentes por igual. Dones espirituales son dados por el Espíritu Santo solo a aquellos que creen en Jesucristo. Son capacidades para el servicio espiritual; así que, un nuevo creyente puede descubrir un deseo y una habilidad de servir en una forma que nunca hubiera imaginado antes de ser salvo.

2. La naturaleza de los dones espirituales (sección I)

A. El regalo de los dones espirituales

Comente el hecho de que al momento de salvación, un regalo espiritual único es dado a cada creyente por el Espíritu Santo con el propósito de edificar la iglesia.

1. Todo cristiano ha recibido un don especial.

Lea 1 Pedro 4:10–11, "Según cada uno ha recibido un don especial. . . "

Note que "cada uno" (esto es, cada cristiano) ha recibido un don especial. Pregunte, *Si cada cristiano ha recibido un don especial, ¿cuándo lo recibió?* Respuesta: al momento de su salvación.

Note el artículo: "un" don espiritual. Pregunte, *¿Cuál es el significado del articulo "un"?* Respuesta: El don es *singular*. Es un solo regalo, o mejor visto *como una dote*.

2. La singularidad de los dones de cada cristiano

Lo ideal es ver sus dones como una mezcla de varios dones. Su don es como una pintura. El pintor, o en este caso el Espíritu Santo, selecciona de la paleta de dones y pinta sus dones para equiparle para su ministerio dado por Dios.

■ Los dones de un creyente pueden ser una combinación superpuesta, tomados en proporciones diferentes de la categoría de dones. . . . Lo ideal es ver el don de una persona como una mezcla única de las categorías de dones, concedidas a ese individuo en conexión con su personalidad y experiencias y las necesidades de la iglesia. Cada creyente se vuelve tan único espiritualmente como sus huellas son únicas físicamente.[1]

John MacArthur

Ejemplo: Un buen ejemplo es la analogía de un equipo de fútbol. Si quiere pintar un mariscal de campo, él tendría que ser rápido y capaz de lanzar. El recipiente debe ser audaz y capaz de atrapar. ¿Y que con un pateador? Cada jugador debe tener un don único para su posición. ¿Que pasaría si el mariscal no apareciera y el pateador tuviera que tomar su lugar?

De la misma forma, la iglesia está compuesta por muchos miembros. Cada uno tiene dones únicos para diferentes ministerios dentro de la iglesia. Siguiendo el ejemplo del equipo de fútbol, todo cristiano necesita estar en el partido y estar haciendo aquello para lo cual él ha sido únicamente dotado. Examine la analogía de la iglesia como un cuerpo (1 Corintios 12:14, 17–19) y exhorte a sus estudiantes a involucrarse en el ministerio.

B. El propósito de los dones espirituales (sección I, C)

Es importante mirar el propósito de los dones espirituales. Explique cómo el propósito de los dones espirituales es para ministrar unos a otros, para la edificación del cuerpo de Cristo.

♦ Para el bien común de la iglesia (1 Corintios 12:7)

♦ Para la edificación de la iglesia (1 Corintios 14:12)

♦ Utilizado para servir unos a otros (1 Pedro 4:10).

Como escribe John MacArthur, "Dios nos da Sus dones para otros."[2]

---

[1] Cita de la serie de Comentarios del Nuevo Testamento de MacArthur: *1 Corintios* (Moody), © 1984 por John MacArthur.
[2] Cita de la serie de Comentarios del Nuevo Testamento de MacArthur: *1 - 3 Juan* (Moody), © 2007 por John MacArthur.

3. La provisión de dones espirituales (sección II)

A. El número de dones espirituales

Algunos no están de acuerdo con el número de dones espirituales, porque Dios no dio una lista precisa y rígida. Así que tenga cuidado con definir en exceso los dones—la Biblia no especifica tanto. Por ejemplo, Dios designó personas dotadas para la iglesia mencionadas en Efesios 4:11, es decir, apóstoles, profetas, evangelistas, pastores, y maestros. Algunos incluyen estos hombres dotados en la lista de dones, ya que son mencionados juntamente con los dones en 1 Corintios 12:28. Sin embargo:

- ◆ *Nombrado* significa poner en lugar; indica un nombramiento oficial a una posición (cf. Juan 15:16; 2 Timoteo 1:11).

- ◆ Claramente usted no recibe el don de *apóstol*, es una designación.

Por supuesto, estos hombres dotados eran probablemente más fuertes en dones espirituales como conocimiento, enseñanza, y liderazgo.

B. Categorías de los dones espirituales

La lección divide los dones espirituales en dos categorías mayores: *Los dones permanentes* y *los temporales*. Esto fue hecho para separar los dones que todavía están activos hoy, y los demás que existieron solo en los tiempos de la iglesia primitiva.

1. Los dones permanentes

Recuerde que el propósito de los dones espirituales es para edificar la iglesia. Revise cada uno de los dones listados en la lección y comente sus significados con los estudiantes.

Nota: Un don permanente, acerca del cual hay confusión, es el don de profecía. Muchos creen que este don solo se refiere a predecir el futuro. Sí lo significa; sin embargo, la palabra profecía significa estrictamente "contar adelante." Hoy, al estar completas las Escrituras, *la parte de predecir* ha cesado. Hoy, una persona con el don de profecía "cuenta a otros" la palabra de Dios en las Escrituras.

2. Los dones temporales

Hay muchos que creen que los *dones temporales* listados en esta lección están activos aún. Dones como la sanación y lenguas son prominentes en el movimiento carismático. Sin embargo, se puede demostrar que el propósito original de los *dones temporales* ya no existe en el día de hoy. También se puede demostrar que la forma en la que los *dones temporales* se manifiestan hoy no es igual a la forma en que se evidenciaban en los tiempos de la iglesia primitiva. Basado en estas dos realidades, nosotros creemos que los *dones temporales* no siguen activos en el día de hoy.

Examinemos cada uno de los dones temporales para ver su propósito original y la forma en que eran manifestados en la iglesia primitiva.

<u>Sanación y Milagros</u>

a. El fin de la sanación y los milagros:

- Confirmar el mensaje del evangelio—Hebreos 2:3–4
- Confirmar a los apóstoles—Hechos 5:12; 2 Corintios 12:12
- Confirmar a Pablo — Romanos 15:18–19
- Confirmar el mensaje y el mensajero—Hechos 4:29–30

b. El propósito de la sanación y los milagros no son requeridos hoy ya:

- Como tenemos las Escrituras completas, el mensaje no necesita ser validado como proveniente de Dios.

- La posición de apóstol ha cesado; por lo tanto, estos dones no son requeridos para atestiguar su autoridad.

c. El uso del don de sanación en los tiempos de la iglesia primitiva:

- La sanación era instantánea —Marcos 1:42

- La sanación era completa y permanente —Mateo 14:36

- Sanación de ceguera, parálisis, etc. —Hechos 3:7; 8:5–7; Mateo 10:1

- La cura era incondicional (no dependía de la fe de la persona siendo sanada)—Juan 9:25

d. La manifestación del don de sanación hoy no coincide con el de la iglesia primitiva. Ninguno de los sanadores de la fe sana instantáneamente, completamente, permanentemente, e incondicionalmente. Además, los sanadores de hoy no curan ceguera, parálisis, o condiciones similares.

Por lo tanto, nosotros no creemos que los dones de sanación y milagros estén activos hoy.

Algunos estudiantes puede que vengan de ambientes carismáticos, y es posible que no estén abiertos a recibir esta verdad. Enfatice que Dios todavía sana hoy pero a través de la oración. También note que los apóstoles pudieron sacar enfermedades de ciudades completas. Si alguien hoy tuviera el don de sanación real, estaría en hospitales sanando todo tipo de enfermedad.

Lenguas e Interpretación de Lenguas

a. El propósito de las lenguas y la interpretación de lenguas:

- Una señal a los judíos incrédulos —1 Corintios 14:21–22

- Testificaban de la salvación de los gentiles—Hechos 10:47; 11:15–18

- Dar una palabra de parte de Dios para edificar a la iglesia —1 Corintios 14:26–28

b. El propósito de las lenguas y la interpretación de lenguas no es requerido hoy en día:

- El uso de lenguas como una señal a los judíos o para confirmar la aceptación de los gentiles en la iglesia no es requerido hoy en día.

- Como tenemos las completas y suficientes Escrituras (2 Timoteo 3:16–17), una palabra de Dios por vía de lenguas e interpretación de lenguas no es necesaria.

c. El uso de lenguas e interpretación de lenguas en los tiempos de la Iglesia Primitiva:

- Las lenguas eran lenguajes conocidos —Hechos 2:4–11

- Las lenguas debían ser reguladas: por una, dos, o máximo tres personas, y cada una por turno, y con interpretación —1 Corintios 14:26–28, 40

d. La manifestación de lenguas y la interpretación de lenguas hoy no coincide con aquella de la Iglesia Primitiva. Lo que se ve hoy como lenguas, al frente del movimiento carismático, está fuera de control. Hoy, lo que se ve como lenguas es incomprensible y hecho por muchos, todos al mismo tiempo (en contraste a 1 Corintios 14:26–28).

Nota: Algunos dentro del movimiento carismático creen que el bautizo del Espíritu Santo debe ser acompañado con hablar en lenguas como una señal de salvación verdadera. Para comprender este asunto mejor, refiera de vuelta a la lección #7, *La Persona y El Ministerio del Espíritu Santo*, donde cubrimos el bautizo del Espíritu Santo. Está claro que el Espíritu Santo mora en el cristiano en el momento de salvación (Romanos 8:9). Sin embargo, también está claro que no todos los cristianos hablaron en lenguas (1 Corintios 12:28–30).

4. El ejercicio de los dones espirituales (sección III)

A. Exhortación a estar involucrados en ministerio

Comente sobre las respuestas de los estudiantes a la pregunta III, A, la cual exhorta a todo cristiano a ejercitar sus dones. Vincule esto con sus respuestas a la pregunta III, D, en la cual el crecimiento de la iglesia depende de todos sus miembros ministrando juntos. Exhorte a sus estudiantes a involucrarse en el ministerio.

B. Descubriendo sus dones

Recuerde que los dones son una mezcla de varios regalos. Su estudiante necesita encontrar el ministerio para el cual Dios lo ha dotado. Esto se determina mejor entrando al ministerio y permitiendo que Dios sea el guía. Debemos orar por la dirección de Dios, estar sumergidos en Su Palabra, confesar pecado, y luego seguir los deseos de Su corazón.

C. Ministrando su don en amor

Examine las respuestas de sus estudiantes a las preguntas III, B and III, C. Enfatice la forma en que Pablo interrumpió su discusión de dones espirituales en 1 Corintios 12 y 14 con este capítulo acerca de la naturaleza crucial del amor, capítulo 13. Pregunte, *¿En qué formas afecta la presencia o ausencia de amor al ejercicio de los dones espirituales en el cuerpo de Cristo?*

- ♦ No buscaremos nuestro propio beneficio; buscaremos el beneficio de los demás en la iglesia.

- ♦ No causaremos división en el cuerpo; trabajaremos para la unidad de la iglesia.

- ♦ Buscaremos el cuidar a otros.

5. Aplicación (sección IV)

A. Recapitule los puntos importantes aprendidos

- ♦ Cada cristiano ha sido únicamente dotado por Dios para el ministerio.

- ♦ Recibimos nuestros dones en el momento de salvación.

- ♦ Nuestros dones son una mezcla de varios dones espirituales.

- ♦ Somos exhortados a utilizar nuestros dones en el servicio de los demás, con el propósito de edificar el cuerpo de Cristo.

- ♦ Nuestros dones son inútiles si no los ejercitamos en amor.

- ♦ Si no ejercitamos nuestros dones, el crecimiento de la iglesia será obstaculizado.

B. Exhorte a sus estudiantes a involucrarse en ministerio

Termine leyendo 1 Pedro 4:10, citado al final de la lección.

EL EVANGELISMO Y EL CREYENTE

Prepárese Para su Asignación

1. Descargue el mensaje #11, "Pescando Hombres" de www.moodyurban.com/fdlf.

2. Utilice su cuaderno para tomar notas del mensaje.

3. Complete las preguntas y asignaciones en las próximas páginas.

Memorice 1 Pedro 3:15

Sino santificad a Cristo como Señor en vuestros corazones, estando siempre preparados para presentar defensa ante todo el que os demande razón de la esperanza que hay en vosotros, pero hacedlo con mansedumbre y reverencia.

La palabra "evangelismo" trae a la mente muchos pensamientos. Algunos piensan en carpas y oradores famosos; otros imaginan "visitas" semanales y el terror de "testimonios." Esta lección introduce el concepto bíblico del evangelismo y el rol del creyente.

I. El Llamado al Evangelismo

A. Según Marcos 16:15, ¿qué deben hacer los discípulos?

"Id por todo el mundo y predicad el evangelio a toda criatura"

B. ¿Cuáles son los tres aspectos de hacer discípulos, según Mateo 28:19–20?

1. ir y hacer discípulos

2. bautizarlos

3. enseñarles

C. ¿Qué dijo Jesús que debería ser proclamado a todas las naciones (Lucas 24:46–47)?

"En su nombre se predicara el arrepentimiento para el perdón de los pecados a todas las naciones"

D. ¿Qué debía Pablo decir a todos (Hechos 22:15)?

Él sería testigo de Cristo a todos acerca de lo que había visto y oído.

II. Las Buenas Nuevas del Evangelismo: El Evangelio

A. Según 1 Corintios 15:3–4, ¿cuáles son las buenas noticias predicadas por Pablo?

1. Cristo murió por nuestros pecados.

2. Él fue sepultado.

3. Resucitó al tercer día.

B. ¿De qué decía Pablo que no se avergonzaba (Romanos 1:16)? _____el evangelio_____

C. ¿Por qué? _____"Es el poder de Dios para la salvación de todo el que cree."_____

■ 1 Juan 4 nos dice que sólo amamos a Dios porque Él nos amó primero. Y Juan 3:16 nos dice que "De tal manera amó Dios al mundo, que dio." La mayor obra en el corazón de Dios, la mayor preocupación en la mente de Dios es el evangelismo. Ganar a los perdidos es la gran preocupación de Dios. También es la gran preocupación de Cristo. Lucas 19:10 dice, " Porque el Hijo del Hombre ha venido a buscar y a salvar lo que se había perdido." Ganar a los perdidos es la preocupación de Dios y de Cristo, así como también la gran preocupación del Espíritu Santo, porque, de acuerdo a Juan 16, es el Espíritu Santo quien viene a traer convicción de pecado, justicia y juicio. Es el Espíritu Santo quien viene sobre la iglesia y luego que hemos recibido el Espíritu Santo, nos hace testigos, dijo Jesús, para Él "en Jerusalén, y en toda Judea y Samaria, y hasta los confines de la tierra." La gran preocupación de Dios es el evangelismo. La gran preocupación de Cristo es el evangelismo. La gran preocupación del Espíritu es el evangelismo, salvar a los perdidos.

John MacArthur

III. Esenciales del Evangelismo

A. ¿Qué debe alguien creer acerca de Jesucristo para salvación?

1. Juan 1:1 _____Jesús es Dios._____

2. Juan 14:6 _____Jesús es el camino, la verdad, y la vida; la única vía a Dios._____

3. Hechos 4:12 _____Jesús es el único camino a salvación._____

B. Aquí están algunos versículos claves para compartir el mensaje del evangelio. Busque cada versículo y resuma brevemente el punto principal.

1. Romanos 3:23 _____"Por cuanto todos pecaron y no alcanzan la gloria de Dios."_____

2. Romanos 6:23 _____"Porque la paga del pecado es la muerte, pero la dádiva de Dios es vida eterna en Cristo Jesús Señor nuestro."_____

3. Romanos 5:8 _____"Dios demuestra Su amor para con nosotros, en que siendo aun pecadores, Cristo murió por nosotros."_____

4. 1 Pedro 2:24 _____"El mismo llevó nuestros pecados en su cuerpo sobre la cruz, a fin de que muramos al pecado y vivamos a la justicia, porque por sus heridas fuisteis sanados."_____

5. Romanos 10:9 _____"Si confiesas con tu boca a Jesús por Señor, y crees en tu corazón que Dios le resucitó de entre los muertos, serás salvo."_____

6. Juan 1:12 _____"Pero a todos los que le recibieron, les dio el derecho de llegar a ser hijos de Dios, es decir, a los que creen en su nombre."_____

La mayoría de la gente no entiende estas verdades:
El hombre no puede salvarse a sí mismo ....Marcos 10:26–27
Dios es santo y justo, y Él odia el pecado..................................Salmos 5:4–5
Jesucristo es Dios ....Colosenses 2:9
La muerte en la cruz fue por nuestro pecado ....1 Pedro 3:18
Cristo ofrece el cielo como un regalo gratis de Dios...............Romanos 6:23

IV. Estrategia para el Evangelismo

A. Testifique con su vida

1. ¿Qué tipo de vida debemos vivir, y cómo debe verse al mundo exterior (Filipenses 2:14–15)?

   "Haced todas las cosas sin murmuraciones ni discusiones, para que seáis irreprensibles y sencillos,

   hijos de Dios sin tacha en medio de una generación torcida y perversa, en medio de la cual

   resplandecéis como luminares en el mundo."

Los demás notarán a su Redentor a través de su vida redimida.

2. Lea Mateo 5:16.

   a. ¿Qué nota la gente que hace brillar la vida de un cristiano? _buenas obras_

   b. ¿Cuál será el resultado? _Dios recibe la gloria_

3. Según Colosenses 4:6, ¿cómo debe usted hablar a los demás?

   "Que vuestra conversación sea siempre con gracia, sazonada como con sal"

B. Ore

1. Mientras Pablo oraba por otros, ¿qué estaba en su corazón (Romanos 10:1)?

   la salvación de ellos

2. ¿Qué pidió Pablo a los colosenses que oraran (Colosenses 4:3–4)?

_____"que Dios nos abra una puerta para la palabra, a fin de dar a conocer el misterio de Cristo_____

_____... para manifestarlo como debo hacerlo."_____

3. Cuando hablamos la Palabra de Dios con otros, especialmente en situaciones amenazantes, ¿qué debemos pedir a Dios que nos dé (Hechos 4:29)? _____confianza_____

"Exhorto, pues, ante todo que se hagan rogativas, oraciones, peticiones y acciones de gracias por todos los hombres. . . . . . Porque esto es bueno y agradable delante de Dios nuestro Salvador, el cual quiere que todos los hombres sean salvos y vengan al pleno conocimiento de la verdad."

—1 Timoteo 2:1, 3–4

C. Utilice la Palabra de Dios

1. ¿Qué hará la Palabra de Dios (Hebreos 4:12)? _____"La palabra de Dios es viva y eficaz, y más cortante_____

_____que cualquier espada de dos filos; penetra hasta la división del alma y del espíritu, de las coyunturas_____

_____y los tuétanos, y es poderosa para discernir los pensamientos y las intenciones del corazón."_____

2. ¿Cómo utilizaba Pablo las Escrituras para su testimonio (Hechos 17:2–3)?

_____"Discutió con ellos basándose en las Escrituras, explicando y presentando evidencia."_____

3. ¿Qué son capaces de hacer las Escrituras (2 Timoteo 3:15)?

_____"Te pueden dar la sabiduría que lleva a la salvación mediante la fe en Cristo Jesús."_____

Debemos estar listos para hablar de Cristo en cualquier situación. Debemos saber lo esencial del evangelio. Debemos tener confianza en Dios y Su Palabra.

"Estando siempre preparados para presentar defensa. . . ante todo el que os demande razón de la esperanza que hay en vosotros."

—1 Pedro 3:15

¡Luego ore y busque oportunidades!

V. Aplicación

Liste varias personas a las que usted quiere alcanzar para Cristo. Ore regularmente por esas personas, y prepárese para la oportunidad de compartir la Palabra de Dios con ellos. Permita que Dios haga Su trabajo de convicción, y confíe en El.

1. _____ (Las respuestas serán variadas) _____

2. _____

3. _____

4. _____

5. _____

Recuerde, ejemplifique semejanza a Cristo.

¡Testifique a personas con su vida, y entenderán su mensaje más claramente!

EL EVANGELISMO Y EL CREYENTE

Los Objetivos de la Lección 11

1. Motivar a los estudiantes a compadecerse por los perdidos.

2. Ayudar a los estudiantes a sobrepasar las barreras que los detienen de evangelizar.

3. Ayudar a los estudiantes a entender su responsabilidad y equiparlos para la labor.

El Plan de Clases de la Lección 11

1. Evalúe el llamado al evangelismo.

2. Comente obstáculos para la evangelización y cómo vencerlos.

3. Enseñe los puntos esenciales del mensaje del evangelio.

4. Comente los puntos claves a recordar cuando damos testimonio.

Preguntas Comunes para la Lección 11

¿Cómo puedo vencer el miedo a evangelizar?

¿Cuáles son los esenciales del mensaje del evangelio?

Esquema Sugerido de Enseñanza para la Lección 11

1. Calentamiento

Pregunta Común: "¿Cómo puedo vencer el miedo a evangelizar?" Para muchos cristianos es difícil testificar. Muchos tienen temor del hombre. Temen el rechazo y la persecución. Algunas veces están más preocupados con sus propias prioridades que con ayudar a otros. Además, el evangelio en sí mismo es necedad y ofensivo para los incrédulos, y por esto muchos tienen temor a compartirlo. Así que, ¿cómo son motivados los cristianos a compartir su fe? Comienza por tener un corazón por los perdidos.

Ponga a sus estudiantes a leer Mateo 7:13–14. Comenten las dos puertas mencionadas en el pasaje.

- ◆ La puerta estrecha—conduce a la vida; la senda es estrecha y son pocos los que la hallan.

- ◆ La puerta ancha—conduce a la destrucción (infierno); la senda es ancha, y muchos han entrado por ella.

Pida a sus estudiantes que piensen en personas que conocen; amigos, vecinos, y compañeros de trabajo. Pregunte, *¿en qué camino andan? ¿Ha compartido usted el evangelio con ellos?*

Lo cierto es que la mayoría de las personas en este mundo están muriendo sin Jesús y van a pasar una eternidad en el infierno por causa de su pecado. Debemos desarrollar un amor por los perdidos así como Cristo o Pablo:

- ◆ Cristo tenía un amor por los perdidos; era Su propósito en su venida (Lucas 19:10) y El lloró sobre una ciudad que ló rechazó (Lucas 19:41–42).

- ◆ Pablo tenía un corazón por los perdidos; él se gastó a sí mismo por sus almas (2 Corintios 12:15).

Pregunta de Aplicación: Pregúntese, "¿Tengo yo un corazón por los perdidos?"

2. El llamado al evangelismo (secciones I y II)

A. El llamado a testificar es un mandamiento.

Examine las respuestas de sus estudiantes a las preguntas I, A y I, B. Enseñe a los estudiantes que el mandamiento a evangelizar es repetido al final de cada uno de los cuatro evangelios, y también son las últimas palabras de Jesús en la tierra en Hechos 1. Esta es la misión en la que cada cristiano debería estar involucrado.

B. El evangelio es un deber sagrado.

Ponga a sus estudiantes a leer 1 Tesalonicenses 2:4 y pregunte, *¿Cómo veía Pablo el evangelio?* Respuesta: Le había sido encomendado a él. Pregunte y comente, *¿Qué significa tener el evangelio encomendado a nosotros?*

> ■ Ninguno de nosotros . . . puede ser exento del trabajo de compartir el evangelio porque estemos involucrados en algún otro trabajo. Así como es bueno, puede que esté conectado íntimamente al reino de Cristo, pero no nos exonera del trabajo de procurar traer pecadores a Cristo.
>
> No hay nada en el compás mundial de las Escrituras que excuse a toda boca de hablar de Jesús cuando el corazón está muy familiarizado con Su salvación . . . Todos estamos llamados a dar a conocer a Jesús si lo conocemos . . . Confiemos en la energía divina del Espíritu Santo, y hablemos la verdad confiando en Su poder.[1]
>
> Charles Spurgeon

C. Obstáculos para la evangelización

En un sentido específico, la forma principal por la que glorificamos a Dios es a través del evangelismo. Esta es nuestra misión dada por Dios.

Pregunte, Así que, si estamos bajo órdenes divinas de compartir el evangelio, *¿por qué dudamos?*

Hable de las posibles respuestas:

- ◆ Intimidación; miedo a fallar

- ◆ Presión de grupo; miedo a no ser aceptado; ser llamado religioso

- ◆ Ignorancia acerca del mensaje del evangelio

Ayude a los estudiantes a superar estos obstáculos hablando sobre el poder del evangelio que se nos ha sido confiado, y que Dios es el quien salva a los peridos a través de su poder de convencer por medio del Espíritu Santo.

1. No debemos dejarnos intimidar.

   No son las palabras del hombre que traen poder al evangelismo, sino el Espíritu que da poder al evangelio.

   - El evangelio tiene poder—Romanos 1:16 (sección II, C)

   - Exhortación: Pablo no se avergonzaba del evangelio porque era poder de Dios.

   - Ore por audacia para hablar con confianza—Hechos 4:29 (sección IV, B, 3)

---

[1] Cita de *Gracia Hoy,* Publicación de Grace Comuunity Church, Abril 1995.

2. Dios es quien convierte las almas de los hombres.

Es Dios quien convierte las almas de los hombres, no el mensajero. Nuestro trabajo es dar el mensaje, pero no es nuestro trabajo el convencer a las personas del evangelio. Esto lo hace el Espíritu Santo.

■ El poder del evangelio no descansa en la elocuencia del orador, de lo contrario los hombres serían los convertidores del alma, ni tampoco depende del conocimiento del predicador, si no consistiría en la sabiduría de los hombres. Podemos predicar hasta que se nos pudra la lengua, hasta que agotemos nuestros pulmones y muramos, pero ninguna alma se convierte a menos que el Espíritu Santo esté con la Palabra de Dios para darle el poder de convertir una alma.[2]

Charles Spurgeon

3. Debemos saber el mensaje.

Es nuestra responsabilidad estar siempre "preparados para presentar defensa ante todo el que os demande razón de la esperanza que hay en vosotros" (1 Pedro 3:15, versículo de memoria).

Esto conduce a la sección II de la lección.

3. Las Buenas Nuevas del evangelismo: el evangelio (sección II)

Pregunta común: "¿Cuáles son los elementos esenciales del mensaje del evangelio?" ¿Debemos entender cada matiz de la fe cristiana para ser salvos? Obviamente no; por tanto, ¿qué tiene una persona que entender?

Como mínimo, una persona debe:

◆ Verse a sí mismo como pecador ante un Dios santo.

◆ Entender que necesita un Salvador para ser salvo de su pecado.

◆ Entender que Dios, a través del sacrificio de Cristo, es el único camino a la salvación.

Lea y comente las respuestas de sus estudiantes a la pregunta II, A (1 Corintios 15:3–4):

◆ Hable sobre las buenas noticias que Pablo predicó.

◆ Note la frase "por nuestros pecados" en el verso 3. Esta es la expiación sustitutiva, la idea de que Jesús pagó por nuestros pecados para que nosotros fuéramos perdonados por ellos. Ahora es un momento apropiado en la clase para repasar los fundamentos del mensaje del evangelio para asegurar que todos en la clase los entiendan.

4. Los puntos esenciales del evangelismo (sección III)

En una época que asume la ausencia de absolutos, es crucial enfatizar que el evangelio es exclusivo. Demanda aceptación o rechazo. Tardanza o negarse a decidir es lo mismo que rechazo. Si hubiera otra vía para el hombre ser salvo, Dios no hubiera mandado a Su Hijo a morir en la cruz.

A. Los conceptos básicos del mensaje del evangelio

Ponga a los estudiantes a leer sus respuestas a todas las preguntas de la sección III. Asegúrese que el grupo entienda todos los elementos esenciales del evangelio.

---

[2] Cita de la serie de Comentarios del Nuevo Testamento de MacArthur: *1 Corintios* (Moody), © 1984 por John MacArthur.

B. Las cosas que mayormente las personas no entienden con respecto al evangelio

El cuadro "La mayoría de la gente no entiende estas verdades" merece atención especial. Pregunte, *¿Cómo enseñan o clarifican estos versos los puntos que la gente pasa por alto al pensar en su relación con Dios?* Quizás usted puede asignar cada versículo a una persona e invitar a esa persona a presentar sus conclusiones al resto del grupo.

5. Estrategia para el evangelismo (sección IV)

A. Testifique con su vida

Aunque el resultado del evangelismo depende completamente en Dios, hay un gran sentido aún en el que nuestras vidas deben igualar el mensaje. Dios ha llamado a los cristianos a vivir de tal manera que deslumbre luz en nuestras vidas (Mateo 5:14–16). Los cristianos deben ser "irreprensibles" y "sin tacha" (Filipenses 2:14–15).

Pregunte, *¿Por qué es tan importante el testimonio de nuestras vidas?* Respuesta: Nuestras vidas van a ganar el respeto de otros para poder ser oídos, o vamos a parecer hipócritas (lo cual será una de las peores cosas que un incrédulo puede decir acerca de un cristiano).

Nota: *Cada cristiano es un testigo para Cristo, todo el tiempo.* La pregunta es:

- ♦ ¿Usted demuestra su devoción, dándole gloria a Dios?

- ♦ O, si la gente supiera que usted es cristiano, ¿deshonraría usted a Cristo?

B. Ore

Revise esta sección con su clase. Destaque la importancia de orar por oportunidades para compartir el evangelio (Colosenses 4:3–4) y que Dios abra los corazones de las personas a las que les testifica (Efesios 1:18).

C. Utilice la Palabra de Dios

Sección IV, C enfatiza el uso de la Palabra de Dios en conversaciones evangelisticas. Pregunte, ¿Por qué es importante usar las Escrituras al presentar el evangelio, en vez de explicar los puntos básicos del evangelio? Respuesta: La Palabra de Dios es la que es capaz de perforar el alma y juzgar los pensamientos del hombre. El Espíritu Santo utiliza la Palabra de Dios para dar convicción a alguna persona de su pecado y su necesidad de un Salvador.

6. Aplicación (sección V)

Dele al grupo tiempo para considerar y expandir las listas que hicieron de las personas que quieren alcanzar para Cristo. Aliente al grupo a orar el uno por el otro mientras Dios provee oportunidades para participar en Su trabajo de atraer personas a Su reino.

LA OBEDIENCIA

Prepárese para su asignación:

1. Descargue el mensaje #12, "Amor y Obediencia", de www.moodyurban.com/fdlf.

2. Utilice su cuaderno para tomar notas del mensaje.

3. Complete las preguntas y asignaciones en las próximas páginas.

Memorice 1 Juan 2:3–4

Y en esto sabemos que hemos llegado a conocerle: si guardamos sus mandamientos. El que dice: Yo he llegado a conocerle, y no guarda sus mandamientos, es un mentiroso y la verdad no está en él.

■ Nosotros estamos llamados, yo creo, a amar al Señor Jesucristo, a amarlo con todo el alma, todo el corazón, toda la mente, y todas las fuerzas. ¡Y diríamos que lo hacemos! Pero cuando veo nuestra sociedad; veo a la iglesia, y no veo esa misma devoción, el mismo compromiso, el mismo abandono propio a las prioridades que son las prioridades divinas. Nos veo desactivados en una miríada de opciones, dando el mismo peso o más peso aun a algunas de las cosas pasajeras en vez de las cosas eternas.

John MacArthur

La obediencia es la respuesta esperada de un cristiano hacia su Señor. Pero la obediencia es más que seguir una serie de reglas. En esta lección, estudiaremos lo que significa ser obediente, las áreas de obediencia, y algunos resultados de la obediencia.

I. El Llamado a la Obediencia

"Como hijos obedientes… como aquel que os llamó es santo, así también sed vosotros santos en toda vuestra manera de vivir."
—1 Pedro 1:14–15

A. El Llamado a Obedecer Los Mandamientos de Dios

1. En Juan 14:15, Jesús dijo, "Si me amáis, <u>guardaréis mis mandamientos."</u>"

2. ¿Qué es esperado de los que escuchan la Palabra de Dios (Santiago 1:22)? <u>que sean hacedores de la Palabra</u>

B. El Llamado a Seguir A Cristo

1. ¿Qué es requerido de una persona que sigue a Jesús (Lucas 9:23)?

a. <u>negarse a sí mismo</u>

b. <u>tomar su cruz cada día</u>

c. <u>seguir a Cristo</u>

2. ¿Cómo dio Jesús el ejemplo para nosotros cuando sufría por Su obediencia a Dios (1 Pedro 2:20–23)?

<u>"el cual no cometió pecado, ni engaño alguno se halló en</u>

<u>Su boca; y quien cuando le ultrajaban, no respondía</u>

<u>ultrajando; cuando padecía, no amenazaba, sino que</u>

<u>se encomendaba a aquel que juzga con justicia."</u>

C. El Llamado a la Sumisión

"¿No sabéis que cuando os presentáis a alguno como esclavos para obedecerle, sois esclavos de aquel a quien obedecéis, ya sea del pecado para muerte, o de la obediencia para justicia?"
—Romanos 6:16

¿Cómo debemos presentarnos a Dios (Romanos 12:1)?

"como sacrificio vivo y santo, aceptable a Dios"

Este es nuestro acto espiritual de adoración.

II. La Obediencia Marca a un Verdadero Creyente

A. Mire 1 Juan 2:3–4 (el versículo de memoria).

1. ¿Qué demuestra la obediencia a la Palabra de Dios? que hemos llegado a conocerle

2. ¿Qué indica la continua desobediencia a la Palabra de Dios?

que no conocemos a Dios y la verdad no está en nosotros

B. ¿Qué caracteriza al verdadero creyente como uno que entrará al reino de los cielos (Mateo 7:21)?

Haciendo la voluntad del Padre

"Pero el que guarda Su palabra, en él verdaderamente el amor de Dios se ha perfeccionado. En esto sabemos que estamos en Él." —1 Juan 2:5

III. Ejemplos de la Desobediencia

A. Lea 1 Samuel 15:16–23. En lugar de ser completamente obediente al mandamiento de Dios, el rey Saúl sustituyó su propia forma de adoración y excusó su desobediencia.

1. ¿Cuál fue la respuesta de Samuel? ¿Cómo comparó él la obediencia y el sacrificio (versículo 22)?

"He aquí, el obedecer es mejor que un sacrificio, y el prestar atención, que la grosura de los carneros."

2. ¿A qué son comparadas la obstinación y la rebelión (versículo 23)?

"Porque la rebelión es como pecado de adivinación, y la desobediencia, como iniquidad e idolatría."

3. ¿Qué le costó a Saúl su desobediencia (versículo 23)?

<u>Fue desechado para no ser rey.</u>

B. Considere Zacarías 7:8–14.

1. ¿Cómo reaccionó el pueblo a la instrucción de Dios (versículos 11–12)?

<u>"Pero ellos rehusaron escuchar y volvieron la espalda rebelde y se taparon los oídos para no oír.</u>

<u>Y endurecieron sus corazones como el diamante para no oír la ley ni las palabras que el</u>

<u>SEÑOR de los ejércitos había enviado por su Espíritu, por medio de los antiguos profetas."</u>

2. ¿Cómo afectó sus oraciones (versículo 13)?

<u>"así ellos clamaron y yo no quise escuchar', dice el SEÑOR de los ejércitos."</u>

3. ¿Cuál fue el resultado (versículo 14)?

<u>"Los dispersé en torbellino entre todas las naciones que no conocían. Y la tierra fue desolada tras</u>

<u>ellos, sin que nadie fuera ni viniera; convirtieron la tierra deseable en desolación."</u>

IV. Ejemplos de la Obediencia

El Antiguo Testamento contiene numerosos ejemplos de obediencia. Note en el Antiguo Testamento los héroes de la fe y obediencia nombrados en Hebreos 11.

A. La Obediencia de Abraham

1. ¿Cuáles fueron dos de los grandes actos de obediencia de Abraham?

a. Génesis 12:1–4; Hebreos 11:8 <u>Dejó su tierra por un sitio desconocido.</u>

b. Génesis 22:1–12 <u>Él estaba dispuesto a sacrificar a su hijo Isaac como Dios le ordenó.</u>

2. Porque Abraham obedeció, ¿qué tres cosas le prometió Dios al hijo de Abraham (Génesis 26:2–5)?

a. <u>Su descendencia seria multiplicada "como las estrellas del cielo".</u>

b. <u>Su descendencia recibiría "todas estas tierras."</u>

c. <u>A través de sus descendientes todas las naciones serían bendecidas.</u>

B. El Ejemplo de la Obediencia de Cristo

1. ¿Cuál era la preocupación primaria de Cristo en la tierra (Juan 4:34)?

<u>Él quería "hacer la voluntad del que me envió y llevar a cabo Su obra."</u>

2. Aun frente a la cruz, ¿cuál fue la actitud de Cristo (Lucas 22:42)?

_____ "Pero no se haga mi voluntad, sino la tuya." _____

3. ¿Hasta qué punto estaba dispuesto Jesús a ser obediente (Filipenses 2:8)?

_____ "Se humilló a sí mismo, haciéndose obediente hasta la muerte, y muerte de cruz." _____

V. La Promesa y las Bendiciones de la Obediencia

A. Liste algunas de las bendiciones que nos son prometidas si obedecemos los mandamientos de Dios.

1. Juan 15:10 _____ Permaneceremos en Su amor. _____

2. Juan 15:14 _____ Seremos Sus amigos. _____

3. 1 Juan 3:22 _____ Lo que pidamos lo recibiremos de Él. _____

B. ¿A qué compara Jesús la vida de una persona que oye y obedece Su Palabra (Mateo 7:24–27)?

_____ Al hombre sabio que construyó su casa sobre la roca _____

VI. Áreas de Obediencia

A. ¿Qué debe ser enseñado a todo cristiano acerca de los mandamientos de Cristo (Mateo 28:20)?

_____ A guardar todo lo que Él nos ha mandado _____

B. Lea cada versículo debajo. Responda quién debe ser obediente a quién y porqué.

1. Colosenses 3:20

a. ¿Quién? _____ hijos _____ ¿A quién? _____ padres _____

b. ¿Por qué? _____ "Esto es agradable al Señor." _____

2. Efesios 5:22–24

a. ¿Quién? _____ mujeres _____ ¿A quién? _____ sus propios maridos _____

b. ¿Por qué? _____ Porque el marido es cabeza de la mujer (así como Cristo es cabeza de la iglesia) _____

_____ (Note Efesios 5:25–32.) _____

3. Efesios 6:5–8

a. ¿Quién? _____ esclavos _____ ¿A quién? _____ sus amos en la tierra _____

b. ¿Por qué? _____ Sabiendo que cualquier cosa buena que cada uno haga, esto recibirá del Señor _____

4. Hebreos 13:17

a. ¿Quién? _____ cristianos _____ ¿A quién? _____ líderes _____

b. ¿Por qué? _____ Porque ellos velan por vuestras almas, como quienes han de dar cuenta. _____

5. Romanos 13:1

    a. ¿Quién? _____ Toda persona _____ ¿A quién? _____ las autoridades que gobiernan _____

    b. ¿Por qué? _____ Porque Dios estableció gobiernos y les dio autoridad _____

C. ¿Qué debe hacer una mujer si su esposo no es creyente (1 Pedro 3:1)?

"Asimismo vosotras, mujeres, estad sujetas a vuestros maridos, de modo que si algunos de ellos son

desobedientes a la palabra, puedan ser ganados sin palabra alguna por la conducta de sus mujeres."

D. Y si un siervo (o empleado) tiene un empleador "imposible", ¿qué debe hacer el siervo o empleado (1 Pedro 2:18–19)?

"Siervos, estad sujetos a vuestros amos con todo respeto, no solo a los que son buenos y afables, sino

también a los que son insoportables. Porque esto halla gracia, si por causa de la conciencia ante Dios,

alguno sobrelleva penalidades sufriendo injustamente."

VII. Nuestra Actitud hacia la Obediencia

Debemos recordar que todas nuestras buenas obras aparte de la fe son como trapo de inmundicia (Isaías 64:6). Obediencia sin fe genuina en nada beneficia. Nuestra obediencia debe surgir de un corazón con fe sincera hacia Dios.

A. ¿Cuál era la base de toda la desobediencia de Abraham (Hebreos 11:8)? _____ fe _____

B. Lea la parábola de los dos hijos (Mateo 21:28–32). ¿Cuál hijo tenía la mejor actitud?

    ¿Por qué? _____ el hijo que obedeció _____

C. Utilizando a Pedro como ejemplo, ¿cómo debemos responder cuando la Palabra de Dios parece contraria a nuestro propio juicio (Lucas 5:4–7)?

_____ debemos hacer lo que Él dice _____

D. Lea Efesios 6:6.

    1. ¿Cómo debemos vernos a nosotros mismos en relación a Cristo? _____ como Sus esclavos _____

    2. ¿Cuál debe ser nuestra actitud al hacer la voluntad de Dios? _____ hacer la voluntad de Dios de corazón _____

"Así también vosotros, cuando hayáis hecho todo lo que se os ha ordenado, decid: 'Siervos inútiles somos; hemos hecho sólo lo que debíamos haber hecho.'" —Lucas 17:10

VIII. Aplicación

A. ¿Qué significa "que presentéis vuestros cuerpos como sacrificio vivo y santo, aceptable a Dios" (Romanos 12:1)?

<u>(Las respuestas serán variadas)</u>

_____

_____

B. ¿Qué ha aprendido acerca de las consecuencias de la desobediencia?

<u>(Las respuestas serán variadas)</u>

_____

_____

C. ¿En qué áreas de su vida quiere Dios mejor obediencia?

<u>(Las respuestas serán variadas)</u>

_____

_____

La Obediencia

Los Objetivos de la Lección 12

1. Comprender por qué la obediencia es central para una creciente relación con Cristo.

2. Ayudar al estudiante a entender que la obediencia no es seguir una lista de qué hacer o qué no hacer, sino conocer y servir a Cristo de corazón.

El Plan de Clases de la Lección 12

1. Hable sobre la obediencia de corazón.

2. Hable sobre el llamado a la obediencia y cómo debemos vernos a nosotros mismos como esclavos de Cristo.

3. Comente del deseo de obedecer cómo una señal de salvación verdadera.

4. Estimule un examen de las actitudes personales acerca de la obediencia.

Preguntas Comunes para la Lección 12

¿Cómo puedo llegar a ser más obediente?

¿Qué significa renunciarse a sí mismo, tomar su cruz, y seguir a Cristo?

Esquema Sugerido de Enseñanza para la Lección 12

1. Calentamiento

Esta es la primera de dos lecciones que cierran esta serie. Claramente plantee la cuestión de moverse más allá de aprender sobre los *Fundamentos de la Fe* a vivir por fe. Por esta razón, puede ser útil comenzar por hablar sobre el impacto del mensaje grabado de esta lección. Pregunte, *¿Qué conexiones ven ustedes entre lo que Juan dijo en su mensaje y las lecciones anteriores que hemos estudiado en esta serie? ¿Cómo forman el amor y la obediencia un par de respuestas inquebrantables?*

A. La obediencia de corazón

La obediencia, fluyendo de un corazón agradecido, es un tema subyacente de esta lección. Nuestro amor hacia Cristo es la base de nuestra disposición a negarnos a nosotros mismos y seguir a Cristo. Aquí es donde comienza la sección I y es luego retomado en la sección II, donde nuestro amor por Dios es reflejado en nuestra obediencia a Su Palabra. La sección VII vuelve a este tema, donde una actitud de hacer la voluntad de Dios de corazón es visto en Efesios 6:6. Enfatice que la aplicación principal de esta lección sobre la obediencia debería ser la respuesta de un corazón agradecido que se deleita en Dios y en las Escrituras. Obedecer a Dios para ganar Su favor o para repagar la salvación no es obediencia verdadera y es espiritualmente peligroso.

B. Una ley interna

Relacionada a la obediencia fluyendo del corazón es la verdad de que los cristianos tienen la ley de Dios escrita en sus corazones (Hebreos 8:10). Los cristianos ya no están sujetos al Antiguo Pacto, en el cual la ley era primordialmente externa, sino estamos bajo el Nuevo Pacto, en el cual la ley es interna.

Ya que los cristianos son libres de la esclavitud de la ley, y son hechos esclavos de Dios (Romanos 6:22), somos libertados para servir a Dios con amor y regocijo (1 Juan 4:19) y no bajo compulsión. ¡El amor resume la motivación del cristiano a obediencia (Mateo 22:37–40)!

2. El llamado a la obediencia (sección I)

A. El llamado a obedecer (sección I, A, 1)

La sección I comienza con un llamado a obediencia como respuesta de nuestro amor por Dios. Comente qué significa amar a Dios "con todo tu corazón, y con toda tu alma, y con toda tu mente" (Mateo 22:37–40). Deleitarse en Dios y amarle es obediencia.

B. El llamado a seguir a Cristo (sección I, B, 1)

Hable sobre lo que significa *negarse a sí mismo* y *tomar su cruz* diariamente. Enlace esto con la sección I, C, Romanos 12:1, donde los cristianos son exhortados a ofrecer sus vidas a Dios.

Nota: Cuando hablen sobre *negarse a sí mismo*, la cuestión de obediencia puede fácilmente girar hacia el legalismo y fariseísmo. En vez de hacer una lista de qué hacer y qué no hacer, enfatice que el cristiano necesita dar su corazón a Dios y buscar las cosas de arriba (Colosenses 2:20–3:2).

C. ¿Cómo puedo llegar a ser más obediente?

El llamado a la obediencia siempre expone nuestras deficiencias. Una de las formas principales que estimulan la obediencia es tomando sus pensamientos cautivos. Piense en la semejanza a Cristo y la santidad (1 Pedro 1:15–16). Medite en cosas que son nobles, puras, y buenas (Filipenses 4:8). Esto es lo que la Biblia quiere decir cuando nos ordena a poner nuestra mira en las cosas de arriba (Colosenses 3:1–2). Mientras más leamos y más oremos, aprendemos más acerca de Dios. Mientras más aprendamos de Él, más le amamos, y mientras más le amamos, le obedecemos más.

D. Es una lucha, vamos a fallar.

Todos nosotros fallaremos en nuestra obediencia a Dios (Santiago 3:2). Pablo conocía esta lucha muy bien (Romanos 7:15–19). Pero así como Pablo, el cristiano debe perseguir la obediencia negándose a sí mismo (Lucas 9:23) y ofreciendo su vida a Dios (Romanos 12:1).

3. La obediencia marca a un verdadero creyente (sección II)

Como se ha señalado en la sección II, el amor de una persona por Dios es una marca de salvación verdadera (1 Juan 2:5; 4:8) pero además, es una marca de conocer a Cristo.

Ponga a los estudiantes a reflexionar en el versículo de memoria y note que la referencia a conocer a Cristo se repite dos veces. Comente lo que significa conocer a Cristo.

Nota: Los que conocen a Cristo le aman y obedecen Su Palabra. Esta es una relación: conociendo a Cristo como nuestro Señor.

■ La verdadera fe, la fe salvadora, es todo de mí (mente, emociones, voluntad) abrazando todo de Él (Salvador, Defensor, Proveedor, Sustentador, Consejero, y Señor Dios). Aquellos que tienen una fe como esta amarán a Cristo (Romanos 8:28; 1 Cor. 16:22; 1 Juan 4:19).[1]

John MacArthur

La obediencia debe surgir de un corazón alegre que fluye por nuestro amor por Cristo. Obedecemos porque queremos, no porque tenemos que hacerlo.

4. Ejemplos de desobediencia y obediencia (secciones III y IV)

Una suposición detrás de nuestro enfoque hacia la obediencia tiene que ver con la mentira de que es posible desobedecer sin recibir consecuencias. Gran parte de nuestra cultura hoy en día representa un enfoque concertado a practicar estilos de vida que niegan la realidad de las consecuencias. Las personas están genuinamente sorprendidas cuando su conducta produce las obvias enfermedades, pobreza, y tragedias que resultan de sus acciones peligrosas. Terminamos creyendo que podemos no sólo tomar cualquier decisión que deseemos, sino también determinar cualquier resultado que nos agrade. Pregunte, *¿Cuáles son algunas evidencias externas o consecuencias de la desobediencia (Romanos 1:26–27)? ¿Puede alguien realmente salir impune de su pecado? Explique.*

5. La promesa y las bendiciones de la obediencia (sección V)

Por otra parte, si uno es obediente, entonces Dios promete bendición. Esta discusión naturalmente sigue a la sección anterior. Comente cada una de las promesas en esta sección.

6. Áreas de obediencia (sección VI)

Con las promesas y la bendición de la obediencia en mente, esta sección trae a la luz las típicas relaciones que cada uno de nosotros enfrenta en nuestras vidas diarias.

Pregunte, *al ver estas relaciones, es obvio que la obediencia no siempre es fácil. ¿Qué espera Dios de nosotros cuando la obediencia es difícil?* Respuesta: ¡Obedecer de todas formas!

En estas relaciones, a veces encajamos en el papel de la persona a quien se debe obedecer (padres, esposos, jefes). Ayuda recordar que somos similarmente responsables ante Dios por como ejercemos nuestra autoridad sobre otros; podemos poner tropiezo ante los que son responsables ante Dios de obedecernos. Pregunte, *¿Cómo pueden los padres dificultar la obediencia de sus hijos (Colosenses 3:21)? ¿Cómo pueden los esposos dificultar la obediencia de sus esposas (Colosenses 3:19)?*

7. Nuestra actitud hacia la obediencia (sección VII)

Esta sección retorna al tema establecido en el principio: que todo cristiano debe desear obedecer a Dios (Salmo 40:8). Deberíamos querer someternos al señorío de Cristo, viéndonos a nosotros mismos como esclavos obedientes de Cristo (Efesios 6:6).

8. Aplicación (sección VIII)

La pregunta de aplicación de la lección reta a los estudiantes a escribir lo que significa "presentad vuestros cuerpos como sacrificio vivo y santo, aceptable a Dios" (Romanos 12:1). Pregunte si algunos de los estudiantes quieren compartir lo que escribió como respuesta.

---

[1] Cita tomada de *La Fe Obra* de John MacArthur.

Exhortación final: Termine la lección preguntándole a los estudiantes que examinen sus vidas para ver las áreas en las cuales son desobedientes y provéales un reto a arrepentirse y conformar sus vidas a lo que las Escrituras ordenan. Exhórtelos a la santidad: "Sino que así como aquel que os llamo es santo, así también sed vosotros santos en toda vuestra manera de vivir; porque escrito esta: 'Sed santos, porque Yo soy santo' " (1 Pedro 1:15–16).

LA VOLUNTAD Y LA DIRECCIÓN DE DIOS

Prepárese para su asignación:

1. Descargue el mensaje #13, "Conociendo Y Haciendo La Voluntad De Dios", de www.moodyurban.com/fdlf

2. Utilice su cuaderno para tomar notas del mensaje.

3. Complete las preguntas y asignaciones en las próximas páginas.

Memorice Efesios 5:17

Así pues, no seáis necios, sino entended cuál es la voluntad del Señor.

Dios es soberano y tiene un propósito para toda Su creación. Él tiene un plan o "voluntad" para cada uno de nosotros, aunque frecuentemente hacemos Su voluntad más difícil de responder de la que realmente es. En esta lección exploraremos la voluntad de Dios y cómo somos guiados hacia ella.

I. La Voluntad De Dios

La Biblia demuestra dos aspectos de la voluntad de Dios: voluntad soberana y voluntad ordenada. En la soberanía de Dios, Él tiene un plan que cubre todos los aspectos de la creación y el tiempo. Él también tiene una voluntad ordenada la cual Él legisla a Su pueblo.

A. El significado de la voluntad de Dios

1. La voluntad soberana de Dios

La voluntad soberana de Dios envuelve Su completo control de todo. Nada pasa que no esté en el plan de Dios. La historia realmente es la revelación de Sus propósitos, los cuales suceden exactamente como Él ha planeado.

Busque los siguientes versículos, y escriba el pensamiento clave.

a. Isaías 14:24 <u>"Ciertamente, tal como lo había pensado, así ha sucedido; tal como lo había planeado, así se cumplirá."</u>

b. Efesios 1:11b <u>"Que obra todas las cosas conforme al consejo de su voluntad."</u>

"Yo soy Dios, y no hay otro...Mi propósito será establecido, y todo lo que quiero realizaré."

– Isaías 46:9–10

2. La voluntad ordenada de Dios

La voluntad ordenada de Dios es revelada a través de la Biblia como leyes y principios. Es este aspecto de Su voluntad del cual el hombre es responsable.

a. De acuerdo a la Gran Comisión (Mateo 28:20), ¿qué se debe enseñar a los nuevos creyentes?

_____ todo lo que Él les ordenó _____

b. Dios dio dos grandes mandamientos. Lístelos abajo.

Mateo 22:37 _____ "Amarás al Señor tu Dios con todo tu corazón, _____

_____ y con toda tu alma, y con toda tu mente." _____

Mateo 22:39 _____ "Amarás a tu prójimo como a tí mismo." _____

B. La naturaleza de la voluntad de Dios
La voluntad soberana de Dios y Su voluntad ordenada son comprendidas mejor por sus características respectivas.

VOLUNTAD SOBERANA	VOLUNTAD ORDENADA
1. Secreta; sólo Dios la sabe excepto cuando se demuestra a través de la historia o la revelación	1. Revelada en la Biblia
2. No puede ser resistida o frustrada	2. Puede ser resistida o desobedecida
3. Abarca el bien como el mal (pecado)	3. Incluye sólo lo bueno y santo
4. Comprensiva, controla todo aspecto de la vida, el tiempo y la historia	4. Específica, provee principios para la vida
5. El creyente no es ordenado a saber o descubrir lo que Dios no ha revelado	5. Los creyentes son exhortados a saber, comprender, y obedecer todo lo que Dios ha revelado

Estudie esta tabla. Examine su comprensión de la *voluntad soberana* de Dios y Su *voluntad ordenada*.

Escriba la parte del versículo que demuestra la voluntad de Dios.

Marque la casilla adecuada.

		Libertad Soberana	Libertad Ordenada
1.	Filipenses 2:13	■	☐
	"Porque Dios es quien obra en vosotros tanto el querer como el hacer, para su beneplácito."		
2.	1 Tesalonicenses 4:3	☐	■
	"Porque esta es la voluntad de Dios: vuestra santificación; es decir, que os abstengáis de inmoralidad sexual."		
3.	2 Corintios 6:14	☐	■
	"No estéis unidos en yugo desigual con los incrédulos."		
4.	Mateo 7:21	☐	■
	"El que hace la voluntad de mi Padre que está en los cielos."		
5.	Filipenses 1:6	■	☐
	"El que comenzó en vosotros la buena obra, la perfeccionará hasta el día de Cristo Jesús."		
6.	Jeremías 29:11	■	☐
	"Porque yo sé los planes que tengo para vosotros"--declara el SEÑOR."		

C. Respuesta a la voluntad de Dios

1. ¿Cómo debemos responder a la voluntad soberana de Dios?

a. Proverbios 3:5–6 _____ "Confía en el SEÑOR con todo tu corazón, y no te apoyes en tu propio entendimiento. Reconócele en todos tus caminos, y Él enderezará tus sendas.

b. 1 Pedro 4:19 _____ "Por consiguiente, los que sufren conforme a la voluntad de Dios,

_____ encomienden sus almas al fiel Creador, haciendo el bien."

c. Santiago 4:13–15 _____ "Si el Señor quiere, viviremos y haremos esto o aquello." _____

_____

2. ¿Cómo debemos responder a la voluntad ordenada de Dios?

a. Efesios 5:17 _____ "Así pues, no seáis necios, sino entended cuál es la voluntad del Señor." _____

_____

b. Deuteronomio 29:29 _____ "guardemos todas las palabras de esta ley." _____

_____

c. Deuteronomio 11:1 _____ "guardarás siempre sus mandatos, sus estatutos, sus ordenanzas

y sus mandamientos."

Dios Instruye; Nosotros Obedecemos

"Bueno y recto es el SEÑOR; por tanto, El muestra a los pecadores el camino. Dirige a los humildes en la justicia, y enseña a los humildes su camino. Todas las sendas del SEÑOR son misericordia y verdad para aquellos que guardan su pacto y sus testimonios." – Salmo 25:8-10

II. La Dirección

Por Su gran amor, Dios ha predestinado, llamado, justificado, y glorificado a todo creyente. Él también nos guía.

A. El Significado de la Dirección

La dirección es el rol activo de Dios en nuestras vidas, cumpliendo Sus propósitos.

Note las palabras siguientes usadas en la Biblia para describir *dirección*. Escriba cómo el versículo transmite el significado de cada palabra.

1. *Liderar* (encaminar, llevar)

a. Salmo 78:52 _____ "Mas a su pueblo lo sacó como a ovejas, como a rebaño los condujo en el desierto." _____

_____

b. Salmo 139:24 _____ "Guíame en el camino eterno." _____

_____

2. *Guiar* (enseñar, ayudar a entender)

   a. Salmo 23:3 _____ "Me guía por senderos de justicia por amor de su nombre." _____

   _____

   b. Salmo 73:24 _____ "Con tu consejo me guiarás." _____

   _____

3. *Dirigir* (establecer o preparar, hacer recto)

   a. Proverbios 16:9 _____ "La mente del hombre planea su camino, pero el SEÑOR dirige sus pasos." _____

   b. 2 Tesalonicenses 3:5 _____ "Que el Señor dirija vuestros corazones hacia el amor de Dios y hacia

   _____ la perseverancia de Cristo." _____

B. La Naturaleza de la Dirección

La tabla debajo muestra formas por las cuales Dios guía a personas directa e indirectamente.

Directa	Indirecta
1. Revelación hablada de Dios	1. La Palabra de Dios
2. Visiones	2. Conciencia o convicción
3. Sueños	3. Providencia (circunstancias controladas por Dios)
4. Profeta/Apóstol hablando por Dios	4. Sabiduría y consejo

La dirección directa era experimentada durante el Antiguo Testamento y los tempranos períodos del Nuevo Testamento. Hoy, vemos cómo Dios guía indirectamente. El Espíritu Santo está activo en todas las áreas de la dirección indirecta como parte de Su ministerio en el creyente.

1. La dirección a través de la Palabra de Dios

   ¿Cómo describe el salmista a la Palabra de Dios (Salmos 119:105)?

   _____ "Lámpara es a mis pies tu palabra, y luz para mi camino." _____

2. La dirección a través de convicción

   ¿Cómo fue Pablo estimulado a acción en Atenas (Hechos 17:16)?

   _____ "Su espíritu se enardecía dentro de él al contemplar la ciudad llena de ídolos." _____

3. La dirección a través de la providencia de Dios

¿Con qué puede el creyente estar confiado en cualquier circunstancia (Romanos 8:28)?

_____ "Para los que aman a Dios, todas las cosas cooperan para bien." _____

4. La dirección a través de sabiduría dada por Dios

Lea Proverbios 2:1-11. ¿Qué cuatro cosas le permitirá discernir la sabiduría (versículo 9)?

(1) _____ Honradez _____

(2) _____ Justicia _____

(3) _____ Equidad _____

(4) _____ Cada buen camino _____

¿Cuál es el resultado de buscar consejo (Proverbios 13:10)? _____ Sabiduría _____

III. Aplicación

A. Liste un área donde usted está luchando con una decisión.

_____ (Las respuestas serán variadas) _____

_____

_____

B. Este asunto incluye:

☐ ¿La voluntad soberana de Dios?

☐ ¿La voluntad ordenada de Dios?

☐ No sé cuál

C. ¿Cuál debería ser su respuesta si incluye:

1. ¿La voluntad soberana de Dios (Proverbios 3:5-6)?

2. ¿La voluntad ordenada de Dios (Juan 15:10)?

3. ¿Usted no está seguro (Santiago 1:5)?

¿Qué medidas va a tomar?

_____ (Las respuestas serán variadas) _____

_____

_____

_____

LA VOLUNTAD Y LA DIRECCIÓN DE DIOS

El Objetivo de la Lección 13

1. 1.Diferenciar entre la *soberana* y *ordenada* (revelada) voluntad de Dios.

2.Aprender a discernir la voluntad de Dios en nuestras vidas.

El Plan De Clases de la Lección 13

1. 1.Discutir y diferenciar la *soberana* voluntad de Dios y Su voluntad *ordenada*.

2.Discutir directrices prácticas para ayudar al estudiante a discernir la voluntad de Dios en su vida.

Preguntas comunes para la Lección 13

¿Puedo saber la voluntad de Dios?

¿Cómo puedo discernir la voluntad de Dios en decisiones diarias?

Esquema sugerido de enseñanza para la Lección 13

1. Calentamiento

Felicite a los miembros de su clase por su lealtad en terminar el curso. Utilice Colosenses 1:9-14 y conviértalo en su oración para el grupo mientras terminan este estudio de Fundamentos de la Fe y continúan su camino con el Señor.

2. La voluntad de Dios (Sección I)

La lección habla de dos aspectos de la voluntad de Dios: Su voluntad soberana y Su voluntad ordenada (o revelada). Dios también tiene una voluntad de deseo que no es desarrollado en la lección, pero será cubierto en estas notas para la finalización de su discusión.

A. La voluntad soberana de Dios

Mientras discuten esta sección sobre la voluntad soberana de Dios, enfatice que Dios cumple todo Su propósito (Isaías 14:24; 46:9-10). Nada es casualidad:

- ♦ Recuerde junto con la clase la Lección #6 acerca de la salvación y como Dios "predestinó" a todos los que van a ser salvos – Romanos 8:29-30

- ♦ Discuta que el Cristo ir a la cruz fue predeterminado– Hechos 2:22-23

- ♦ Discuta que los gobiernos son establecidos por Dios – Romanos 13:1

Pregunte, *¿Cómo ve usted la historia? Respuesta: La historia es Su historia desenvolviéndose. La historia está viendo el plan de Dios en acción.*

Pregunte, *¿Cómo vivimos nuestras vidas con el entendimiento de que todo lo que pasa a través de la historia ha sido escrito por Dios?*

Pregunta Común: "¿Puedo saber la voluntad soberana de Dios?" Con frecuencia, tratamos de discernir la voluntad soberana de Dios en una situación, pero esto es imposible de saber con certeza. Un ejemplo sería útil. Antes del matrimonio, una persona no puede decir que es la voluntad soberana de Dios el casarse con una mujer en particular. Pero, luego que estén casados, él puede decir con certeza, ya que aconteció. Todo lo que acontece es parte de la voluntad soberana de Dios. Antes de que algo acontezca, sin embargo, es imposible determinar cual es la voluntad soberana del Señor.

Afortunadamente, hay directrices para ayudarnos a alinear nuestra voluntad con la voluntad soberana de Dios. Estas directrices serán cubiertas en la sección debajo.

B. La voluntad de deseo de Dios (suplemento a la lección)

La voluntad de deseo de Dios es consistente con Su voluntad soberana pero no siempre es cumplida. Por ejemplo:

♦ Jesús deseaba que Jerusalén viniera a Él, pero ellos no estaban dispuestos – Mateo 23:37

♦ Dios desea que todo hombre sea salvo, pero no todos serán salvos – 1 Timoteo 2:3-4

♦ Cristo desea que todos vengan a Él, y no todos vienen – Mateo 11:28-29

♦ Dios desea que los creyentes sean obedientes y santificados, pero nosotros fallamos – 1 Tesalonicenses 4:3

Dios desea, pero todavía somos responsables por obedecer y alinear nuestra voluntad con la de Él.

C. La voluntad ordenada de Dios

La voluntad ordenada de Dios también es parte de la voluntad de deseo de Dios. Desafortunadamente, a menudo fallamos en obedecer los mandamientos. Como vimos en la sección I,A,2, los mandamientos de Dios son revelados a través de las páginas de la Escritura en forma de leyes o principios.

¿Podemos saber la voluntad ordenada de Dios? Absolutamente; los creyentes pueden ser llenos de "el conocimiento" de la voluntad de Dios (Colosenses 1:9). Estar "lleno" literalmente significa estar completamente llenos o controlados totalmente.

■ Tener el conocimiento de la Palabra de Dios controlando nuestra mente es la llave para una vida justa. Lo que controla vuestros pensamientos controla vuestro comportamiento. El dominio propio es un resultado del control mental, el cual es dependiente de conocimiento. Conocimiento de la Palabra de Dios dará lugar a toda sabiduría espiritual y entendimiento.[1]

John MacArthur

Nota: Esta sección vincula directamente a la lección previa de obediencia. Recapitule algunos de los

---

[1] Cita del Comentario Del Nuevo Testamento MacArthur: *Colosenses y Filemon* (Moody) © 1992 por John MacArthur.

puntos principales de la sección previa como revisión y también exhortación.

Para concluir esta sección, comparta brevemente el gráfico y el ejercicio bajo I, B, asegurándose de que los estudiantes no confundan la voluntad soberana de Dios con Su voluntad ordenada.

D. Nuestra respuesta a la voluntad de Dios (sección I.C)

Esta sección examina nuestra respuesta hacia la voluntad soberana y la voluntad ordenada de Dios. Esta es una porción importante y necesita ser expandida.

1. Nuestra respuesta a la voluntad soberana de Dios

La lección se concentra en la verdad de que debemos confiar en Dios en situaciones en las que no tenemos una dirección clara, o en situaciones en las que experimentamos adversidad. Los estudiantes necesitan entender que debemos esperar adversidad y que es provista por Dios como prueba:

- El Señor prueba a los justos – Salmos 11:5

- Las pruebas revelan nuestro verdadero corazón – Deuteronomio 8:2

- No se sorprenda cuando sea puesto a prueba – 1 Pedro 4:12

Nuestra respuesta debe ser la de encomendar nuestras almas a Dios, como se indicó en el versículo de la lección, 1 Pedro 4:19.

2. Nuestra respuesta a la voluntad ordenada de Dios

La sección enfatiza que debemos saber y obedecer la voluntad ordenada de Dios (Efesios 5:17, Deuteronomio 11:1; 29:29). Ser obediente a todo lo que Dios ha revelado en Su Palabra es el principio de alinear nuestra voluntad con Su voluntad. Sin embargo, esto implica que nos hemos sumergido en las Escrituras para determinar la voluntad del Señor.

E. A.Directrices para discernir la voluntad de Dios en decisiones diarias

Una pregunta válida es, "¿Cómo puedo saber la voluntad de Dios en la elección de mi carrera profesional, o con quién debo casarme?" La respuesta a estas preguntas es ser fiel a la voluntad de Dios como fue revelada en la Biblia, y luego seguir la guía de Salmos 37:4, "Pon tu delicia en el SEÑOR, y Él te dará las peticiones de tu corazón."

Deleitarnos en el Señor incluye amarlo con un corazón de obediencia. Esto nos lleva a la pregunta, "¿Cuáles son las áreas claves que están reveladas claramente en las Escrituras como la voluntad de Dios?" Lo siguiente es una lista parcial (nota, cada uno ha sido cubierto en una lección de *FDF*):

- Sea salvo – 1 Timoteo 2:4 (Lecciones 5 y 6)

- Sea lleno del Espíritu – Efesios 5:18 (Lección 7)

- Sea sumiso a la autoridad – 1 Pedro 2:13-15 (Lección 13)

- Esté dispuesto a sufrir por Su causa – 1 Pedro 3:17-18 (Lección 13)

- Sea santificado – 1 Tesalonicenses 4:3 (Lecciones 7 y 12)

- Sea auto-sacrificial– Romanos 12:1-2 (Lección 9)

Discuta cada uno de estos puntos con la clase. Esto les dará dirección práctica para alinear su voluntad con la voluntad revelada de Dios. Durante esta discusión es conveniente recordar una cita de la lección #7, sobre el ser lleno del Espíritu:

■ **El ser lleno del Espíritu** es vivir con el conocimiento de la presencia personal del Señor Jesucristo, como si estuviéramos parados junto a Él, y dejar que Su mente domine nuestra vida. Es llenarnos de la Palabra de Dios, para que Sus pensamientos sean nuestros pensamientos, Sus estándares nuestros estándares, Su trabajo nuestro trabajo, y Su voluntad nuestra voluntad. **El conocimiento de Cristo conduce a la semejanza a Cristo.**[2]

John MacArthur

Exhortación: Si todos los puntos de la lista anterior están en lugar, entonces siga los deseos de su corazón (Salmos 37:4) y confíe a Dios el resultado (Proverbios 3:5-6).

3. Dirección (Sección II)

Como mencionamos en la sección anterior, debemos sumergirnos y ser obedientes en la Palabra de Dios para estar en una posición para poder ser guiados por el Espíritu Santo (Efesios 5:18). Esta sección describe algunas de las formas por las cuales Dios guía. Dios guía a través de Su Palabra, a través de la convicción del Espíritu Santo, a través de providencia, y a través de consejo piadoso. Esta sección termina exhortando al estudiante a orar por sabiduría y buscar consejo piadoso al tomar decisiones. Discuta cada una de estas áreas con su clase.

4. Aplicación (Sección III)

Esta lección, y este curso, cierra con la valiosa oportunidad de avanzar en fe, confiando en que Dios guiará. Déjeles saber que sería un honor para usted el oír de ellos en el futuro, para contestar las preguntas que puedan tener y escuchar cómo Dios ha dirigido sus vidas.

[2] Cita del Comentario Del Nuevo Testamento MacArthur: *Efesios* (Moody) © 1986 por John MacArthur.